Wilhelm Harster

Walther von Speier - ein Dichter des X. Jahrhunderts

Wilhelm Harster

Walther von Speier - ein Dichter des X. Jahrhunderts

ISBN/EAN: 9783743483095

Hergestellt in Europa, USA, Kanada, Australien, Japan

Cover: Foto ©ninafisch / pixelio.de

Manufactured and distributed by brebook publishing software (www.brebook.com)

Wilhelm Harster

Walther von Speier - ein Dichter des X. Jahrhunderts

Walther von Speier,

ein Dichter des X. Jahrhunderts.

Von

Dr. W. Harster,

k. Studienlehrer.

Beigabe
zum Jahresberichte 18^{76}/$_{77}$ der k. Studienanstalt Speier.

Speier.
Buchdruckerei von L. Gilardone.
1877.

Professor

Dr. Leonhard von Spengel

zum

fünfzigjährigen Doctorjubiläum

in dankbarer Verehrung

gewidmet.

Der Name Walthers von Speier ist, obgleich Prantl in seiner Geschichte der Logik II, 52 auf denselben hingewiesen, und Wattenbach in den Geschichtsquellen Deutschlands im Mittelalter I, 239 seiner erwähnt hat, dennoch, wie es scheint, ausser den Kreisen der eigentlichen Fachgelehrten gänzlich unbekannt geblieben. Ja, Wattenbach hat sogar gegen Remling, den verdienten Historiographen des Speierer Bisthums, den Vorwurf erhoben, dass Walthers Werk ihm bei seiner Geschichte der Bischöfe von Speier noch ganz entgangen sei. Hierbei nun zwar ist Wattenbach selbst ein Versehen begegnet, indem Remling allerdings im ersten Bande seines Werkes S. 252, wenn auch nur in einer Anmerkung und nicht aus eigener Kenntniss, sondern nach einer Notiz der Gallia christiana V, 720 Walthers Gedicht erwähnt und damit eine Vermuthung verknüpft, auf die wir uns noch weiterhin berufen werden. Immerhin aber bleibt die Thatsache bestehen, dass der Name eines der frühesten Dichter des Mittelalters selbst in seiner engeren Heimath bisher nur von Wenigen gekannt, und sein Werk auch unter diesen vielleicht von Keinem gelesen worden ist, weshalb es sich empfiehlt, gleich hier zu Anfang das Wichtigste über Inhalt, Veranlassung und äussere Gestalt desselben mitzutheilen.

Wenn wir von einem Gedichte gesprochen haben, so bedarf dies einer Ergänzung, indem Walther seinen Stoff nicht bloss in Versen, sondern auch in Prosa behandelt hat, jedoch so, dass die prosaische Darstellung mehr als ein Entwurf für die poetische Ausarbeitung erscheint, wiewohl er selbst angibt, dass ihm die Aufgabe geworden sei, seinen Stoff juxta Maronis in versibus disciplinam, sive Ciceronis in prosa — industriam iterata stili acie — exarare, oder, wie er an einer andern Stelle sagt, gemina scribendi qualitate — componere. Dieser Gegenstand aber war durch welchen Walther veranlasst wurde, denselben dichterisch zu bearbeiten, folgender: Die Nonne Hazecha, Schatzmeisterin (Kimiliarche) von Quedlinburg, hatte während der Knabenjahre Walthers apud civitatem Nemidonam den Unterricht des Bischofes Balderich genossen und, nachdem sie die Schule verlassen, ein Gedicht über den hl. Christoph verfasst und ihrem früheren Lehrer mit der Bitte, es zu verbessern, übersendet. Durch die Nachlässigkeit des bischöflichen Bibliothekars ging, wie Walther drei Jahre nach Abfassung seines eigenen Gedichtes an Hazecha schrieb, das Büchlein verloren, und Balderich ertheilte nun diesem seinem Schüler selbst den Auftrag, den gleichen Gegenstand in der oben bezeichneten Weise zu behandeln. Was dieser alsdann in dem kurzen Zeitraume zweier Monate, um seinen eigenen Ausdruck zu gebrauchen, zusammenstahl, das übergab auch er zur Verbesserung dem Bischofe, dem er von seiner zartesten Kindheit an seine ganze Erziehung und Bildung verdankte. Nach dessen Hingange schickte Walther sein Werk auf deren Verlangen ad Collegas Urbis Salinarum d. h. Salzburg an Liutfred, Benzo und Friderich, und in diesem Exemplare selbst oder in einer gleichzeitigen Abschrift ist es auch uns erhalten.

Die Anordnung des Ganzen daselbst ist diejenige, dass an der Spitze steht die prosaische Epistola Vualtheri Subdiaconi ad Collegas Urbis Salinarum directa; darauf folgt der Prologus in Scolasticum (scl. librum) Vualtheri Spirensis Aecclesiae Subdiaconi in 33 Hexametern; ferner eine Praefatio ad invitandum lectorem idonea in 122 Versen; es beginnt sodann Primus libellus de studio poetae, qui et scolasticus (scl. inscribitur) mit 271 Versen, etwas mehr als der Durchschnittszahl der folgenden fünf Bücher, welche die eigentliche Lebens- und Leidensgeschichte des hl. Christoph enthalten, und deren Verszahl zusammen 1272 beträgt. Am Schlusse des sechsten Buches finden sich drei, wie die Ueberschriften, mit rother Tinte besonders sorgfältig geschriebene Verse, welche uns in den Stand setzen, die Abfassungszeit des Gedichtes bis auf das Jahr genau, nämlich 983, zu bestimmen, indem dieselben lauten:
    Haec (h)ypolaevita Vualtherus ab urbe Nemeta
    Pro vice Christophori metrica depinxit amussi,
    Cum primum regno successit Tercius Otto.
An dieser Stelle findet sich auch die Epistola ad Hazecham

Sanctimonialem, Urbis Quidilinae Kimiliarchen, durch einige Seiten ganz verschiedenen Inhaltes von der prosaischen Darstellung, die wir im Folgenden als liber prosaicus bezeichnen wollen, getrennt. Diesen eröffnet wiederum ein Prologus de vita Sancti Christophori, von Walther gewidmet Domno Baldericho sanctae Nemetensis aecclesiae patri et episcopo; er selbst führt die Ueberschrift: Incipit Vita et Passio Sancti Christophori Martyris und umfasst 29 Anfangs grössere, gegen Ende kleiner werdende Capitel. Auch hier finden sich zuletzt wieder zwei mit rother Tinte geschriebene Verse, deren Entzifferung auf den ersten Blick kaum mehr möglich erscheint, die jedoch aller Wahrscheinlichkeit nach so lauten:
  Hanc tibi Vualtherus, praesul Baldrice, pusillus
  Texuit exiguam fragili subtemine telam.
Dagegen enthalten vier mit schwarzer Tinte und in ausserordentlich minutiöser Schrift auf der letzten leeren Seite am Rande herumgeschriebene Verse im Ganzen für mich noch ein ungelöstes Räthsel, wenn auch der Bezug auf den Verfasser des Gedichtes und denjenigen, welchem es gewidmet war, deutlich ausgedrückt ist in dem Verse:
  Quas tibi Vualtherus, Baldrice, coegit ephoebus.
Was die Handschrift selbst betrifft, so verdanke ich die Kenntniss derselben der freundlichen Mittheilung des Secretärs an der kgl. Hof- und Staatsbibliothek in München, Herrn Wilhelm Meyer aus Speier, sowie andererseits der Güte des Herrn Direktors Karl v. Halm die Erlaubniss zu längerer Benützung. Dieselbe stammt aus dem berühmten Kloster S. Emmeram in Regensburg und führt in der Münchner Hof- und Staatsbibliothek, der sie jetzt angehört, die Bezeichnung Saec. X. und die Nummer: Cod. lat. 14798. Es ist ein kleiner Quartband und enthält ausser der Vita Sancti Christophori noch eine Vita Sanctissimae ac Beatissimae Castissimae (al. Euphrosynae) Virginis und eine Passio Sanctorum Martyrum Felicis et Regulae so zwar, dass von den 92 Pergamentblättern der ganzen Handschrift die ersten 70 mit je 20 Zeilen die Vita S. Christophori enthalten, während die beiden anderen Vitae nach Pergament (18zeilige Seiten), Schrift und Inhalt einen von der ersteren gänzlich verschiedenen Ursprung zeigen. Die Handschrift, soweit sie uns angeht, ist durchaus mit grosser Sorgfalt und Sauberkeit geschrieben, so dass das Lesen

derselben keinerlei Schwierigkeit verursacht, wie auch für Conjecturalkritik wenig Gelegenheit geboten ist. Ueberhaupt könnte nach W. Meyers Ansicht die Einrichtung des Ganzen, insbesondere der Ueber- und Unterschriften der einzelnen Bücher, den Gedanken erwecken, dass wir in dieser Handschrift das Autograph des Dichters selbst besitzen; da alles dies bei einer Abschrift höchst auffallend, bei einem mit Liebe geschriebenen eigenen Werke dagegen sehr am Platze wäre. Dieser, allerdings von berufenster Seite ausgesprochenen Meinung mich anzuschliessen, verhindert mich bislang die Wahrnehmung ziemlich zahlreicher Schreibfehler, die zwar meist von derselben oder einer gleichzeitigen Hand corrigirt erscheinen, zum Theil jedoch auch stehen geblieben sind. Ich lege dabei weniger Gewicht auf Schreibweisen, wie Passiphen statt Pasiphaen, Phoetontis statt Phaethontis, Phytagorae statt Pythagorae etc., während Agrimnia statt Agrypnia, exion statt ex Sion schon bedenklicher erscheinen; auch Fehler wie foronte, fesa, lampos, lacorum, fronsitan u. dgl., ferner cantes statt cantus, religate statt relegate, praestinxit statt praestrinxit etc. können dem Dichter selbst in die Feder gekommen und von ihm unbemerkt geblieben sein. Wenn dagegen das Wort proslambanomenon als zwei Worte proslamba nomenon geschrieben ist, die erst nachträglich durch einen Strich verbunden worden sind, und in gleicher Weise de flexo, de laeta statt deleta, ne lodum mit gleichzeitiger Correctur des ne in me statt melodum, made facta pre coepti statt praecepti, oder wenn Persae per se geschrieben ist, so scheint die obige Annahme kaum mehr wahrscheinlich zu sein und wird jedenfalls noch zweifelhafter durch das sinnlose manu etiam captis am Ende, woraus der gleich zu nennende Herausgeber unseres Walther gar manu etiam capitis gemacht hat, statt des richtigen mente etiam captis. Auch der bereits erwähnte Umstand, dass zwischen dem Briefe an Hazecha und dem liber prosaicus $4^{1/2}$ Seiten ganz desselben Pergamentes sich finden, wovon drei in ungewöhnlich grossen Schriftzügen und mit einer Art Notenbezeichnung mit einem Hymnus auf den Erzengel Michael beschrieben sind, dessen Anfang jedoch in ungefähr 6 Zeilen wegradirt erscheint, während die beiden übrigen halben Seiten lateinische Rechenexempel enthalten: auch dieser Umstand ist offenbar bei einem Originale weit weniger begreiflich als bei einer Abschrift, in der die einzelnen Theile des Werkes leichter durch fremdartige Einschiebungen getrennt werden konnten. Dass die zahlreichen Rasuren selbst grösserer Stellen, die sich sehr wohl aus dem Bestreben des Abschreibers, eine möglichst saubere und correcte Arbeit zu liefern, erklären lassen, Verbesserungen von der Hand Balderichs seien, ist deswegen unwahrscheinlich, weil Walther sicherlich seinen Salzburger Collegen nur eine Abschrift seines Werkes schickte, oder wenn sein eigenes Exemplar, dieses jedenfalls nach einiger Zeit und nach genommener Abschrift an ihn zurück, nicht aber nach S. Emmeram in Regensburg kam. Endlich stimmt auch zu den kräftigen und gleichförmigen Zügen der Hand, von welcher unser Codex geschrieben wurde, die Entschuldigung nicht, welche Walther in seinem Begleitschreiben ausspricht: Aegritudo et infirmitas infirmavit literas. Soviel steht fest, dass die Handschrift, wie das Gedicht, welches sie uns überliefert hat, das ehrwürdige Alter von nahezu neun Jahrhunderten hat, und dass sie nicht in nennenswerther Weise durch Verderbnisse in Folge der Unkenntniss des Schreibers entstellt ist.

Einen Herausgeber hat Walther gefunden in Bernhard Pez, Bibliothekar der bekannten Benedictinerabtei Melk in Oesterreich, der von 1721—29 einen Thesaurus anecdotorum novissimus herausgab. Sein Werk gehört zu den Vorläufern der Monumenta Germaniae historica, indem Pez für Deutschland ein ähnliches Unternehmen in das Leben zu rufen beabsichtigte, wie die französischen Benedictiner der Congregation von St. Maur nicht bloss für die Geschichte ihres Ordens und der Kirche, sondern auch für die Sammlung der Geschichtsquellen Frankreichs durchgeführt haben. Leider aber scheiterte dieses Vorhaben in Deutschland, wie Wattenbach I, 10 sagt, theils an der Trägheit der in Reichthum und Ueppigkeit versunkenen Stifter, theils an der Eifersucht der Landesfürsten, welchen es bedenklich erschien, die Geistlichkeit ihrer Territorien in nähere Verbindung mit den Ordensbrüdern anderer Gebiete treten zu lassen. Das Werk unseres Walther nun findet sich bei Pez abgedruckt in der dritten Abtheilung des zweiten Bandes S. 29—122, und zwar hat Pez selbst, nicht einer seiner Mitarbeiter die Herausgabe besorgt. Er war ein tüchtiger und gewissenhafter Arbeiter: gleichwohl gibt er an ungefähr 100 Stellen von der Handschrift abweichende falsche Lesarten, worunter freilich auch viele Druckfehler sich befinden, über die er selbst in der Dissertatio isagogica gerade mit Bezug auf den Druck unseres Walther klagt. Das Urtheil aber, welches er über den Dichter im Allgemeinen fällt, ist wohl werth, mit seinen eigenen Worten hier wiedergegeben zu werden; er sagt nämlich unter Anderem Folgendes: Ejus ingenio non parum delectatus est Baldericus nihil praetermittens, quod ad uberiorem illius cultum pertineret. Itaque hoc Maecenate usus adolescens omnia liberalium disciplinarum studia tam feliciter coluit et emensus est, ut cum doctissimis sui temporis viris conferri potuerit, in Poeticis autem prope omnibus palmam praeripuerit. Sane qui rudissimis illis Ottonianis temporibus Walthero versus elegantius ac eruditius scripsisset, novimus neminem. Quae laus Walthero maximam etiam apud longe dissitos praestantes viros gratiam conciliavit expetebanturque passim opuscula ab exquisito ejus ingenio profecta etc. Vor Pez hat Niemand Walthers Erwähnung gethan, als Dom Jean Mabillon, Mitglied der Congregation von S. Maur, der mit einigen Anderen von 1668—1701 die für die Geschichte äusserst wichtigen Acta Sanctorum Ordinis S. Benedicti in 9 Foliobänden herausgab. Dass er in Regensburg unsern Codex gesehen, geht aus seinem Iter Germanicum S. 59 hervor, wo er sagt: Vita S. Christophori auctore Walthero Nemetensi Subdiacono nuncupata est Balderico Episcopo atque Hazechae sanctimoniali, urbis Quidilinae, id est Quindelinburgensis, Cimiliarchae etc., was Pez als Flüchtigkeit tadelt, da Walther, wie aus seinem Briefe an Hazecha erhelle, dieser nur die sechs poetischen Bücher übersendet und ebenso die prosaische Darstellung Balderich allein gewidmet habe. Beide Behauptungen sind unzweifelhaft falsch; denn Walther widmete weder sein Gedicht der Hazecha, noch schickte er ihr dasselbe, sondern sagt, dass er es aufheben wolle, bis Hazecha wieder einmal nach Speier komme (tuae praesentiae servandum in theca reposui); gewidmet hat er das ganze Werk dem Bischofe Balderich, wie dies aus seinem ganzen Verhältnisse zu diesem seinem geistigen Vater von selbst einleuchtet, und der Dichter selbst wiederholt, namentlich auch in dem poetischen Prologe, deutlich genug ausgesprochen hat. — Nach Pez wurde

Walther abermals völlig vergessen; denn die Bollandisten, derentwegen Pez, wie er sagt, sowohl dieses als andere Werke mehr in seine Sammlung aufnahm, und denen er es überliess, zu untersuchen und festzustellen, welchen Anspruch auf Glaubwürdigkeit die von Walther geschilderten Acta S. Christophori hätten, haben dieselben ihrem Riesenwerke, den Acta Sanctorum, nicht einverleibt und dafür folgende Motivirung gegeben: Dicimus plura illa non valere, quam alia; imo minoris esse prétii, quia poeta metrica illa imprimis amplificando adornandoque similitudinibus, inductionibus ac colloquiis drama epicum potius panxit, quam simplicem historiae narrationem, tametsi jam tum corruptam ac fabulosam iisdemque ex sordibus coagmentatam, quibus nunc scatere vulgaria Sancti acta profiteri cogimur. Acta vero prosaica, quae eodem Walthero auctore post metrica sequuntur, quia ejusdem cum vulgaribus sunt argumenti, satis inde liquet, quo in pretio sint habenda, eo vulgaribus deteriora, quod illorum auctor oratoriis phaleris usus extra praestitutas hagiologis metas longe lateque sit exspatiatus. Um dieses Urtheil richtig zu würdigen, durch welches, wie ersichtlich, der poetische Werth unseres Gedichtes nicht im Mindesten in Frage gestellt, vielmehr ausdrücklich anerkannt wird, muss man beachten, dass die ganze Christophlegende in der Fassung, wie sie uns überliefert ist, von jenen Heiligenrichtern verworfen und nicht bloss den von Walther geschilderten Acta, sondern allen anderen in gleicher Weise Glaubwürdigkeit abgesprochen wird.

Ehe wir von dem Berichte über die Schicksale des Gedichtes zur Schilderung der Lebensverhältnisse des Verfassers übergehen, erscheint es nothwendig, das Wissenswertheste von dem, was uns über Walthers Lehrer, Balderich, bekannt ist, mitzutheilen, um ein Verständniss für den Bildungsgang zu vermitteln, welchen unter seiner Anleitung der Knabe durchmachte, der, zum Jüngling herangewachsen, durch den Beweis dessen, was er in seiner Schule gelernt hatte, ihn erfreute und ehrte. Wie wir von Walther selbst erfahren, stammte Balderich aus Saeckingen, das Jener mit den Worten anredet:

> Tuque, gravis censu tali, Sekkingia, natu,
> Dic age, Tartareis hoc praesule libera threnis:
> Sit, Baldrice, tibi sedes in luce perenni etc.

Wenn derselbe freilich in den beiden vorangehenden Versen sagt:
O felix, tanto felix, Vaccina, patrono!|
Celsa sub his humeris caelo quandoque frueris;
so sehe ich mich zu dem Geständnisse genöthigt, dass die Bedeutung dieses Namens mir völlig unbekannt ist, und dass ich nicht zu entscheiden vermag, ob etwa zu den zahlreichen alten Namen für Speier: urbs Nemetum, Noviomagum vetus, Nemidona, Nemetocerna, Spira, Spiratia (Vgl. Freher, origin. Palatin. append. 74.) hiedurch ein weiterer hinzukomme. Balderich war im Kloster S. Gallen unterrichtet und erzogen worden und war wohl ein Schüler des Geraldus, der zwischen 970 und 975 hochbetagt starb, und in dessen Schule Ekkehard I. das Lied von Waltharius manu fortis dichtete, welches Geraldus dann, wie es scheint, dem Bischofe Erchinbald von Strassburg mit einer besonderen Widmung zum Geschenke machte, demselben, von welchem Balderich 970 zum Bischofe von Speier geweiht wurde. Auf der Synode zu Ingelheim sodann, welche im September 972 nach der Rückkehr der beiden Kaiser Otto I. und Otto II. aus Italien stattfand, war es, wie Remling I, 245 meint, dass Balderich der ebenso wichtige als ehrende Auftrag zu Theil wurde, 'mit dem Erzbischofe von Trier, den Bischöfen von Würzburg, Worms, Metz und Constanz und den Aebten von Lorsch, Ellwangen und Weissenburg sich nach S. Gallen zu begeben, um den Haushalt und die Lebensweise der dortigen Mönche zu untersuchen, welche von dem Abte Ruodmann von Reichenau bei dem Kaiser verklagt worden waren, als ob die klösterliche Zucht und christliche Ordnung bei ihnen bedenklich zerfallen sei. Den Bericht über diese Commission finden wir bei Ekkehard IV. (Monum. Germ. II, 129) der in seinen Casus S. Galli das Leben und Treiben in jenem Kloster so reizend geschildert hat. Von Balderich nun, der hier Palzo genannt wird, heisst es: Et Palzo Spirensis episcopus, in loco (S. Galli) nutritus, quo nemo fama ferente tunc eruditior: Si sciretis, inquit, mores et vim disciplinae illorum districtam, experto credite, ultra omnes, qui in regno sunt, regulares sub copia, eos laudaretis sub inopia.

 Welche Bedeutung für unsere Werthschätzung Walthers die Thatsache hat, dass sein Lehrer aus der Schule von S. Gallen zur Zeit auf einen Artikel in der Beilage der Allgem. Zeit. zu Nr. 365 des Jahres 1875 über die Stiftsbibliothek in S. Gallen hinzuweisen, in dessen Eingange es heisst: Der Geschichtschreiber des Kantons S. Gallen (Ildephons d'Arx) will wahrgenommen haben, dass die politische Geschichte seines Stiftes Jahrhunderte lang die Geschichte von Deutschland, ja oft von ganz Europa darstelle. S. Gallens Entwicklungsgang ist aber auch eine Zeit lang derjenige der deutschen Cultur und Literatur. Zeuge dieser Cultur ist die ehrwürdige, mehr als tausendjährige Stiftsbibliothek, die wohl unter allen Bibliotheken des Continentes die kostbarsten Schätze enthält. Auch Wattenbach I, 200 sagt, dass unter den Klosterschulen schon in karolingischer Zeit S. Gallen vielleicht von allen die bedeutendste war: S. Galler Mönche besuchten als Mitschüler Otfrieds von Weissenburg die durch Hraban berühmt gewordene Klosterschule zu Fulda; gelehrte Iren machten auch die Kenntniss des Griechischen hier heimisch, und nicht minder anregend wirkte der lebhafte Verkehr mit Italien. Die rechte Blüthezeit des Klosters aber und namentlich der Schule beginnt mit dem Jahre 841, in welchem Ludwig der Deutsche die Abtei seinem Erzkaplane Grimald verlieh, und dauerte bis auf den Abt Burkart II. (1001—22), der einst auf Hohentwiel bei der Alemannenherzogin Hadwig Griechisch gelernt hatte, und unter dem S. Gallen der eigentliche Sitz des altdeutschen Schriftthums wurde, indem damals die zahlreichen deutschen Uebersetzungen Notker Labeo's und seiner Schule entstanden. Unter dem nämlichen Abte schrieb und dichtete auch Ekkehard IV., dessen lebendige Schilderung, nach Wattenbachs Ausspruch, die S. Galler Schule unsterblich gemacht hat, wenn auch ohne Zweifel in manchem andern Kloster ein ganz ähnliches Treiben herrschte, von dem nur Niemand uns Nachrichten aufbewahrt hat. Aber mit Burkart II. war auch die Glanzepoche des Klosters vorbei, und, wie es in dem erwähnten Artikel heisst, bis nach der zweiten Hälfte des XV. Jahrhunderts herrschte unrühmliche Nacht da, wo einst das Licht der Wissenschaft so hell in die deutschen Lande hinausgestrahlt hatte, so dass Abt Rumo von Ramstein in einer Urkunde von 1297 mit Propst, Pförtner und Kämmerer gestehen musste, sie seien allezusammt des Schreibens unkundig.

Von welchem Interesse muss es demnach für uns sein, zu sehen, wie von diesem Mittelpunkte deutschen Geisteslebens in jenen frühen Jahrhunderten das wissenschaftliche Studium, wie es daselbst blühte, durch Balderich nach Speier verpflanzt und nach dem Muster der S. Galler Schule auch hier eine solche eingerichtet wurde, der unser Dichter seine ganze Bildung verdankte. Denn dass von Balderich nicht Walther allein unterrichtet, sondern eine blühende Schule begründet und geleitet wurde, geht aus folgenden Stellen hervor, die wir, obwohl sie etwas umfangreich sind, doch vollständig wiedergeben müssen. Es heisst nämlich in der Praefatio V. 84 und 85

> Qui me disposito florenti rure scolarum
> Hoc tantum numero dociles instruxerat annos;

und weiter V. 88—93

> Hinc me digressum monuit ratione paterna
> Sicut filiolum dicens: Puer, opto videre,
> Quem fortasse tibi sollers effectio fructum
> Ediderit, quoniam pridem mihi gaudia de te
> A studiis rediens quidam collega tuorum
> Indidit;

ferner in dem prosaischen Prologus: Proinde sub tanti patronatus tirocinio aliquot annis, octonariae videlicet tantum quantitatis, scolaribus deditus agris inter multimodas contubernalium areas —. vix paucissimas arentium quasi stipularum aristas arripui. Aus obigen Versen scheint zugleich hervorzugehen, dass Balderich derartige Aufgaben, wie er sie unserem Walther stellte, auch sonst seinen Schülern nach Ablauf ihrer Studienzeit gleichsam als Absolutorialarbeit zu geben pflegte. Wie ernst es ihm überhaupt um das Gedeihen seiner Schule zu thun war, lässt sich daraus entnehmen, dass Walther, der seine Milde und Freundlichkeit so vielfach rühmt, ihn acerrimum earundem (scl. aristarum) in colligendo monitorem nennt. Ja auch für die Bildung der Frauen, zunächst geistlichen Standes, scheint Balderich durch Einrichtung einer Schule gesorgt zu haben, die weithin Ruf erlangte und Anziehungskraft ausübte. Wenigstens sagt er selbst von Hazecha, die wir bereits als Schatzmeisterin von Quedlinburg kennen gelernt haben und zwar unter der ersten Aebtissin dieses Klosters, der Tochter Otto des Grossen, Mahthild (966—999), welcher Otto III. während seines Römerzuges die Reichsverwaltung übertrug (Wattenbach I, 251): Haec a scolis egressa cum libellum de virtutibus S. Christophori inaudita in id genus versuum dulcedine conscripsisset, eundem mihi quasi magistro emendandi officio commendavit. Eine Nonne als Verfasserin eines grösseren lateinischen Gedichtes kennen zu lernen, kann uns bei einer Zeitgenossin der Roswitha nicht in Erstaunen setzen; wenn dieselbe jedoch zu einer Zeit, wo die Frauenklöster Sachsens, an ihrer Spitze Gandersheim, unter Aebtissinen aus dem kaiserlichen Hause zu den Hauptsitzen gelehrter Bildung zählten, wie es doch den Anschein hat, aus Sachsen an den Rhein kam, um den Unterricht des Bischofes Balderich zu geniessen, so ist dies sicher ein glänzendes Zeugniss für den raschen Aufschwung, den die von ihm begründete Schule genommen hat. Uebrigens stimmt das obige, in dem Briefe Walthers an Hazecha enthaltene Lob sehr wenig zu den Worten, die derselbe in dem prosaischen Prologe seinen Lehrer an ihn richten lässt: Hunc (historiarum S. Christophori) libellum, quem quorundam negligentium depravavit incuria scriptorum, tibi emendandum vel potius juxta Maronis in versibus disciplinam etc. exarandum injungam, und es entsteht die Vermuthung, dass es mit der Meldung Walthers an Hazecha von dem Verluste ihres Werkes nicht so ganz richtig gewesen, und vielmehr die Arbeit von Balderich zu schwach befunden worden sei, der dann Walther beauftragte, sich an demselben Gegenstande zu versuchen.

Wir scheiden von dem einstigen Jünger des hl. Gallus mit den Worten Eysengreins ad an. 969: Tribus Ottonibus praesul amicissimus et sapientissimus, um zu dem Berichte über die Lebensumstände seines Schülers, soweit sie nicht bereits in Vorstehendem berührt wurden, überzugehen.

Zunächst haben wir die Frage zu beantworten, ob denn Speier auch ein vollgültiges Anrecht besitze, als Geburtsort Walthers zu gelten; denn wenn derselbe sich auch als ecclesiae Spirensis Subdiaconus und ab urbe Nemeta bezeichnet, so lässt doch das Beispiel jenes Johannes de Spira, den wir zufälliger Weise in demselben Bande bei Pez mit unserm Walther vereinigt finden, es als möglich erscheinen, dass Walther nichtsdestoweniger kein geborner Speierer war. Denn jener Johannes stammte in

Wirklichkeit aus Freinsheim bei Dürkheim, wo er 1383 geboren war; er studirte in Heidelberg und erlangte dann wahrscheinlich in Speier kirchliche Beneficien, gab dieselben aber wieder auf, um in das Kloster Melk einzutreten, wo er vorübergehend Prior war; später trat er in das benachbarte Kloster Mariazell über, in welchem er wahrscheinlich 1455 starb. Er ist bei Pez in den Observationes praeviae mit besonderer Ausführlichkeit behandelt, und es werden daselbst 27 von ihm in lateinischer und deutscher Sprache verfasste Schriften theologischen Inhaltes aufgezählt, wovon Pez den Tractatus de esu · carnium infirmorum coenobitarum Ord. S. Bened. aufgenommen hat. Dass dagegen Walther in der That ein Kind Speiers sei, dafür hat bereits Pez eine Stelle aus dem prosaischen Prologe angeführt, die durch den Eingang des liber scolasticus und eine ähnliche Stelle aus dem Briefe an Hazecha ihre Bestätigung erhält. Wenn nämlich der Dichter dort zu Balderich sagt: A parvis igitur adhuc lactentis infantiae cunis, ubi me jam septennis gratiae puerum ludus imbuit literarum, — te — totius, ut fit in filiis. suscepi paternitatis auctorem, so erhellt daraus jedenfalls soviel, dass die Gunst seines Bischofes die Sonne war, die schon in die ersten Lebensjahre des Knaben hereinleuchtete, was doch nur bei einer näheren Bekanntschaft Balderichs mit Walthers Aeltern der Fall sein konnte. Die schwierigen Worte: ubi me jam septennis gratiae puerum etc. fasse ich hiebei so, dass Walther, nachdem er von seiner Geburt an bis zu seinem siebenten Jahre bereits der Gunst Balderichs sich zu erfreuen gehabt hatte, in jeder Beziehung einen zweiten Vater an ihm fand, seit er zuerst unter seiner Aufsicht den Unterricht in den Anfangsgründen des Wissens, dann unter seiner unmittelbaren Leitung in den Gegenständen der eigentlichen Gelehrsamkeit erhielt. Unter ludus literarum nämlich verstehe ich eine Art Elementarschule, die mit der Gelehrtenschule Balderichs verbunden war, und in der die Knaben die für jene Zeiten so unendlich schwierige Kunst des Lesens und Schreibens erlernten, ehe sie zu den höheren Studien zugelassen wurden. Das Gleiche bezeichnet, wie es scheint, auch ludi gymnasia in der zweiten Stelle V. 9; denn nachdem es zuvor, wohl mit dichterischer Uebertreibung, geheissen hatte, dass er ad flores apicum d. h. zur Kenntniss des Alphabetes geführt worden sei sub pollice patrum scl. ecclesiae Spirensis, als er kaum die ersten Schritte zu machen und die ersten Worte zu stammeln gelernt hatte, fährt der Dichter V. 12 so fort:

> At postquam prima sitienti fauce saliva
> Imbibit alphabetum, notularum docta tenore
> Syllabicas recta rugas plicuisse rubrica,
> Nuda mihi clausas tribuit Psalmodia mammas,
> Terpsichoreque suam docuit me texere pallam,
> Donec bis tropicos repetivit Apollo meatus.

Unter Psalmodia und Terpsichore ist wohl der kirchliche Ritualdienst verstanden, auf dessen Erlernung die beiden ersten der eigentlichen Studienjahre verwendet wurden, und welchem der elementare Unterricht im Lesen und Schreiben vorausging. Dass dieser drei Jahre, derjenige in den höheren Gegenständen des Wissens dagegen acht Jahre umfasste, ergibt sich aus den in der erwähnten Stelle des prosaischen Prologes unmittelbar folgenden Worten: Proinde sub tanti patronatus tirocinio aliquot annis, octonariae videlicet tantum quantitatis, scolaribus deditus agris etc. im Zusammenhalte mit einer andern, gleichfalls bereits zur Hälfte citirten:

> Qui me disposito florenti rure scolarum
> Hoc tantum numero dociles instruxerat annos,
> Cui pariter pariles decadis sub cardine partes
> Contulerat quadruplum replicans binarius orbem;

denn decadis sub cardine bezeichnet wohl nichts Anderes als den entscheidenden Punkt in Walthers Leben, wo nach zurückgelegtem erstem Jahrzehnte sein Uebertritt aus der Elementarschule in die Gelehrtenschule Balderichs und damit die Wahl seines Berufes erfolgte.

Was den weiteren Bildungsgang Walthers betrifft, so fährt derselbe im Anschlusse an das oben über die beiden ersten Jahre Gesagte fort:

> Grammaticis opibus me tertius applicat annus,

und aus der folgenden allegorischen Darstellung lässt sich entnehmen, dass der Unterricht in der lateinischen Sprache nach Bewältigung des eigentlich grammatischen Stoffes d. h. nach Erlernung der Formenlehre ertheilt wurde im Anschlusse an ein mythologisches Handbuch, etwa des Hyginus, dessen Name nach

Teuffel Gesch. d. röm. Lit. § 41, 12 im späteren Alterthume typisch wurde für mythologische Compendien zum Schulgebrauche, oder des Fulgentius (480—550). In den Vordergrund jedoch trat wohl schon bald eine sehr umfassende Lectüre der alten Dichter, womit sich metrische Uebungen (dictamina) verbanden, die eine besonders wichtige Rolle in dem Schulunterrichte des früheren Mittelalters, namentlich auch in S. Gallen, spielten. Die naive Freude über die so erlangte Verskunst spricht unser Dichter mit den Worten aus:

faciles studiis fallacibus aures
Appulimus, quae magna quidem puerilibus actis
Bis binos placuit nobis reparare per annos,
Officioque stili jocus est audita rescribi;

woraus wir zugleich ersehen, dass unter den Gegenständen des mittelalterlichen Schulwissens, den sog. sieben freien Künsten oder dem trivium und quadrivium, der Grammatik allein zwei Drittel der ganzen Studienzeit, der Dialektik und Rhetorik dagegen, sowie der Arithmetik, Geometrie, Astronomie und Musik zusammen nur ein Drittel gewidmet wurden, wie Walther selbst dies ausspricht, indem er seine Schilderung der sechs zuletzt genannten Disciplinen mit den Worten schliesst:

His etiam geminos ubi decertavimus annos,
Et finem studiis distinctio fecit herilis etc.

Als seine Lehrer unter den Alten nennt Walther für die Dialektik den Porphyrius, d. h. die lateinische Uebersetzung und 5 Bücher Commentare des Boetius zu der εἰσαγωγὴ εἰς τὰς Ἀριστοτέλους κατηγορίας jenes neuplatonischen Philosophen, aus der die scholastische Philosophie ihre früheste Kenntniss der aristotelischen Logik gewann, und verweist für die Rhetorik am Schlusse in bemerkenswerther Weise auf Cicero als den praktischen Meister der Rede; als Grundlage für den Unterricht in der Arithmetik dienten des Boetius de arithmetica libri II; für den in der Musik desselben de musica libri V; in der Geometrie und wohl auch in der Astronomie verdankte Walther sein Wissen dem Felix d. h. dem Martianus Minneius Felix Capella, der in seiner Encyclopädie der sieben freien Künste unter dem Titel Nuptiae Mercurii cum Philologia im sechsten Buche die Geometrie, im achten die Astronomie behandelt hat.

Wenn wir in dieser Weise im Allgemeinen ein klares Bild von dem Betriebe der Studien in der Speierer Schule des Bischofs Balderich gewinnen, so muss die Bedeutung des liber scolasticus unseres Walther trotz seines oft sehr schwierigen Verständnisses um so höher angeschlagen werden, je seltener derartige Mittheilungen aus jener Zeit sind. Prantl wenigstens, der die auf die logischen Studien des Verfassers bezüglichen Verse 114—147 in seiner Gesch. d. Logik a. a. O. mit kurzen Erläuterungen wiedergegeben hat, bemerkt an einer andern Stelle II, 1 zunächst mit Bezug auf das Studium der Logik: »Insoferne aus einzelnen Notizen über Schulen oder aus Bibliotheksverzeichnissen und dergleichen schlechthin nichts Weiteres folgt, als dass da oder dort eine logische Schrift des Marcianus Capella oder des Boethius u. s. f. bloss vorhanden war oder in irgend einer Klosterschule eben nur gelesen wurde, oder dass irgend Jemand durch solche Lectüre sich gebildet oder sie Anderen empfohlen habe u. s. w., müssen wir derlei Nachrichten immerhin, so kostbar sie gerade wegen ihrer Vereinzeltheit auch sind, der allgemeinen Kulturgeschichte oder der Geschichte der Pädagogik überlassen« etc. Von welchem Werthe muss es demnach sein, zu erfahren, welche classischen Schriftsteller noch im X. Jahrhundert von deutschen Kloster- und Weltgeistlichen gelesen wurden, um dann für Jahrhunderte bis auf die Kenntniss ihrer Namen aus dem Wissensbereiche der Menschheit zu verschwinden und späterhin durch ihr Wiederauffinden wie mit einem Zauberschlage in ganz Europa ein neues Geistesleben wachzurufen! Was vor 900 Jahren ein Jüngling im Wesentlichen von seinem zwölften bis sechzehnten Lebensjahre bloss an lateinischen Dichtern las (denn die Prosaiker nennt er nicht, obgleich er in der Rhetorik sich an Cicero gebildet hat und, wie in seinem Gedichte Vergil, so in seiner prosaischen Darstellung Cicero nachzuahmen förmlich angewiesen wurde), mag er selbst V. 91—105 uns sagen:

    Haec satis ut nostra satiavit corda voluptas,
    Venit priscorum longo plebs ordine vatum ;
    Atque ubi jam cantus princeps finivit Homerus,
    Felix arguto cecinit sponsalia plectro
    Ac septem geminas recitavit rite sorores ;
    Ad dulces epulas invitat Flaccus amicas ;

Persius emuncto suspendit ludicra naso;
Planxit Romanae Juvenalis signa coronae;
Musa Severinum plorabat carcere clausum;
Silius ingenua cantavit proelia voce;
Africa praesentat secum comoedia Davum;
Lucanum veteres non asseruere poetae;
Praeterea triplicis succincta veste coloris
Omnibus excellens docuit nos musa Maronis
Otia pastorum celebrare modosque laborum.

Mit Homerus ist natürlich der Homerus latinus gemeint, mit Felix, wie erwähnt, Martianus Capella; Severinus ist einer der Beinamen des Boetius, und in dem Verse angedeutet die im Gefängniss von ihm verfasste Schrift de consolatione philosophiae. Der Name Silius statt des sinnlosen Sursulus, welches die Handschrift und Pez hat, beruht auf Conjectur, welcher vielleicht der Umstand zur Stütze dient, dass die einzige Handschrift, in deren seit dem XV. Jahrhundert gefertigten Abschriften das Epos des Silius erhalten ist, 1417 von Politianus in S. Gallen aufgefunden wurde (Teuffel § 315, 5). Sollte freilich in der Erzählung von dem Schicksale des Regulus in der Praefatio V. 21—68 die Verwechslung der Punier mit den Parthern oder Arsaciden eher gegen als für die Bekanntschaft Walthers mit den Punica des Silius sprechen, so müsste eben Statius geändert werden, der noch im Mittelalter bewundert und fleissig gelesen wurde (Teuffel § 316, 8), obwohl dieser Name mehr von dem handschriftlichen Sursulus abweichen würde als Silius von dem zweiten Theile dieses Namens. Africa comoedia sodann ist natürlich die Komödie des Terentius Afer; was von Lucan gesagt ist, bezieht sich auf eine Bemerkung des Servius ad Aen. I, 382 Lucanus ideo in numero poetarum esse non meruit, quia videtur historiam composuisse, non poema; das dreifarbige Gewand endlich, mit welchem die Muse des Vergilius Maro bekleidet ist, bedeutet seine drei Hauptwerke, die Bucolica, Georgica und Aeneis, von denen auffallender Weise im letzten Verse nur die beiden ersten besonders bezeichnet werden.

Und die Werke aller dieser Dichter wurden, wenn auch, wie sich vermuthen lässt, nicht alle vollständig, und nicht jedes mit derselben Gründlichkeit wie die Schöpfungen der hervorragendsten, nicht nur gelesen, sondern Hand in Hand mit begeisterter Lectüre ging, ebenso wie bei den Humanisten zur Zeit der Renaissance, das Bestreben, die alten Meister nachzuahmen und, was jene ältere Zeit betrifft, sowohl die Heldensage der germanischen Vorzeit wie im Waltharilied, als besonders den unerschöpflichen Stoff der Heiligenlegende in der Weise des Vergil darzustellen. Die lateinische Sprache, die Sprache der Wissenschaft und der Kirche, wurde bald für Jeden, dem aus dem Borne höherer Erkenntniss zu schöpfen vergönnt war, das natürliche Organ für die Aeusserung jedes gehaltvollen Gedankens; die Redewendungen, Bilder und Gleichnisse, die man bei den alten Dichtern gefunden hatte, boten sich in der eigenen Rede gleichsam von selbst dem Gedächtnisse dar und wurden in naiver Unbefangenheit zu ihrem Schmucke verwendet. Durch dieses völlige Aufgehen in der lateinischen Sprache aber wurde eine für jene Zeit sicherlich staunenswerthe Gewandtheit in derselben auch für den poetischen Ausdruck erreicht, wie das Beispiel unseres Walther zeigt, der in dem prosaischen Prologe, wie Eingangs erwähnt, seinem Lehrer darzubringen bekennt, quidquid in utroque scribendi genere — clam inter manus vertendo brevi quasi duorum mensium continuatione involabam. Welche Bewandtniss es übrigens mit diesem Zusammenstehlen hat, dessen Walther, der vielleicht weniger als die meisten seiner Zeitgenossen ein Compilator war, selbst sich anklagt, werden wir weiter unten bei einer allgemeinen Werthschätzung seines Gedichtes noch näher untersuchen. Jedenfalls zeugt schon der Umfang desselben und die Raschheit der Abfassung von einer nicht gewöhnlichen Reife des Geistes bei einem achtzehnjährigen Jünglinge; denn unmittelbar nach seinem Austritt aus der Schule wurde ihm, wie wir gesehen haben, von Balderich jener Auftrag zu Theil, weshalb dieser ihn mit puer anredet, und er selbst in den Schlussversen sich als pusillus und ephebus, in dem drei Jahre später aber an Hazecha geschriebenen Briefe als adulescens bezeichnet. Schon zuvor aber war ihm von seinem Bischofe das Amt eines Subdiaconus, oder, wie er sich auch nennt, (H)ypolaevita übertragen worden, worüber er in

Ast ego, quem sacrae vix sublaevitica mensae
Non meritis concessa meis pro munere Christi
Gratia contigerat jam sub puerilibus annis etc.,
und wir sind, falls andere Zeugnisse fehlen sollten, zu der Annahme berechtigt, dass derjenige, welcher so frühe die erste Sprosse der Hierarchie betreten hatte, bei fortdauernder Gunst des Geschickes wohl zu ansehnlicher Höhe vor der Welt gelangt sein werde.

Doch ehe wir versuchen, durch Hypothesen die Biographie unseres Dichters zu vervollständigen, haben wir noch nachzutragen, was uns über eine der von ihm genannten Personen bekannt ist. Es ist dies jener Liutfred, der mit Benzo und Friderich von Salzburg aus an Walther die Bitte um Uebersendung seines Werkes gerichtet hatte; von ihm nun lesen wir bei Wattenbach I, 294, dass er unter Erzbischof Friedrich (954—90) in Salzburg zahlreiche Schüler versammelte, nachdem auch hier zuerst ein hochgefeierter Mönch aus S. Gallen, Chunibert, gelehrt hatte, den Herzog Berthold (938—45) vom Abte Cralo (942—48) sich erbeten hatte. Wenn nun dieser Liutfred oder Liudfrit, welchem Walther sein Gedicht vermuthlich zwischen 987 oder dem Todesjahre Balderichs, dessen Hingang in dem Begleitschreiben bereits als bekannt vorausgesetzt wird, und 990 oder dem Todesjahre des Erzbischofes Friedrich von Salzburg, unter welchem Liutfred dort lehrte, von Walther als College angeredet wird, so ist anzunehmen, dass auch unser Dichter an der von Balderich begründeten Schule, aus der er selbst hervorgegangen war, und vielleicht schon bald nach Vollendung seiner eigenen Studien als Lehrer wirkte, wie ihn denn auch Remling als »Speyerer Domscholaster und Subdiacon« bezeichnet. Wie endlich das Gedicht mit dem Briefe an die Salzburger Collegen an der Spitze in einer gleichzeitigen Handschrift in das Kloster S. Emmeram in Regensburg kam, wird leicht erklärlich, wenn wir aus derselben Stelle bei Wattenbach erfahren, dass, als Erzbischof Friedrich im Jahre 987 das altehrwürdige Stift von S. Peter in seiner Selbständigkeit wiederherstellte, dasselbe seinen ersten Abt Tito aus S. Emmeram erhielt.

Wenn wir nunmehr die bereits angedeutete Vermuthung über den weiteren Lebenslauf Walthers aussprechen, so ist dieselbe, wie nämlich dass unser Walther identisch sei mit dem zweiten Nachfolger Balderichs auf dem bischöflichen Stuhle in Speier, Walther 1004—1031, den die Speierer Geschichtschreiber durch einstimmige Wahl der Kanoniker der Speierer Kathedrale zu seiner Würde erhoben werden lassen, ohne jedoch anzugeben, woher er stamme, noch welche Stelle er vorher eingenommen habe. Jedenfalls, fügt Remling hinzu, war Walther einer der gelehrtesten und geachtetsten Oberhirten der Speierer Kirche. Das Schweigen der Schriftsteller über Herkunft und frühere Stellung Walthers, dessen einstimmige Wahl sie doch als bemerkenswerth hervorheben, hat nichts Auffallendes, wenn Walther nicht nur schon lange im Dienste der Speierer Kirche gestanden, sondern in Speier selbst geboren und erzogen war, so dass seine früheren Lebensumstände als bekannt vorausgesetzt werden konnten. Ein um so ehrenvolleres Zeugniss aber für sein seltenes Wissen und seinen untadelhaften Charakter, die eine über jede niedere Regung des Neides und der Eifersucht erhabene allseitige Anerkennung sich erwarben, ist diese einstimmige Erwählung Walthers zu ihrem Oberhaupte durch seine unmittelbaren Amtsgenossen. Dass dieselbe von König Heinrich II. sehr gerne gesehen worden sei, wenn er sie nicht gar ausdrücklich eingeleitet haben sollte, lässt Remling ein reiches Geschenk als wahrscheinlich erscheinen, womit Heinrich die Speierer Kirche bedachte, nachdem Walther kaum den bischöflichen Stab und Ring aus seiner Hand empfangen hatte. Auf seinem Römerzuge 1014 begleitete auch Walther den König und wohnte seiner Kaiserkrönung in Rom bei; als dann Heinrich mit seinem Heere nach Unteritalien aufbrach, empfahl er für die Rückreise die Kaiserin Kunigunde dem Schutze der Bischöfe von Speier und Constanz. Mit dem 1024 erfolgten Tode Kaiser Heinrichs II. verlor die Speierer Kirche einen vorzüglichen Wohlthäter, aber sie erhielt einen noch ausgezeichneteren in seinem Nachfolger, Konrad dem Salier. Conradus Spiram multum sublimavit, sagt Wippo in dem Leben Konrads zum Jahre 1039, und Herm. Cornerus schreibt ihm sogar die Gründung der Stadt zu. Bekanntlich erwarb ihm seine Vorliebe für Speier und sein öfterer Aufenthalt daselbst den Namen des Speierers, und als der grösste Wohlthäter dieser Stadt erwies er sich auch durch seinen Entschluss, an Stelle der alten, von Dagobert I. wahrscheinlich grösstentheils aus Holz errichteten, kleinen und unansehnlichen Kirche einen Dom, seines kaiserlichen Namens würdig, zu erbauen. Ueber diesen Bau sagt der Geschichtschreiber der deutschen Kaiserzeit W. v. Giesebrecht II, 276 (1. Aufl.): »Zu derselben Zeit (als er seinen Stammsitz Limburg an der Haardt in eine Abtei verwandelte), betrieb Konrad den Bau einer Johanniskirche zu Speier und begann den dortigen Dom, an dem er und seine Nachkommen fast ein ganzes Jahrhundert gearbeitet, und wo sie alle ihre Ruhestätte gefunden haben. Dieser Dom gehört für alle Zeiten zu den Wunderwerken unseres Volkes und Landes, und der einheitliche Plan zu demselben ist ohne Frage in Konrads Geist entstanden. — Es kam Konrad darauf an, zur Ehre der Mutter Gottes, welcher der Dom geweiht ist, einen Bau zu errichten, wie seit den Zeiten der römischen Kaiser kein gleicher erwachsen war, und die gigantischen Räume desselben zeugen noch jetzt ebenso sehr für den enormen Schwung seiner Entwürfe und die Kraft seines Willens, wie für seinen religiösen Eifer.« Glänzend wird die Feier der Grundsteinlegung geschildert, welche der Kaiser, umgeben von einer zahlreichen Versammlung von Fürsten, Bischöfen, Grafen und Rittern am 12. Juli 1030 zu dem stattlichen Kloster und der prächtigen Basilika auf der Limburg und noch am Morgen desselben Tages zum Dome und der Johannisstiftskirche in Speier vornahm. Bei diesem Feste aber stand nach dem Kaiser im Vordergrunde der Oberhirte der Speierer Kirche, Walther, der, nachdem er, von zwei der trefflichsten Kaiser Deutschlands hochgeachtet und geliebt, gealtert war, am Abende seines Lebens noch das Frühroth einer neuen, glanzvollen Zeit für seine Vaterstadt und seine Kirche aufgehen sah. Nach einer Nachricht, welche Schannat aufbewahrt hat, soll der Kaiser die Leitung und Förderung sowohl des Limburger als des Speierer Baues dem Bischofe Walther übertragen haben. Doch nicht lange konnte dieser dem kaiserlichen Auftrage entsprechen, da er nach dem genannten Gewährsmanne am dritten Dezember 1031, oder wenn man mit Remling Siegfried als vierundzwanzigsten Bischof von Speier gelten lässt, schon 1030 sein an Erfolgen schönster Art so reiches Leben beschloss.

Von dem denkwürdigen 12. Juli des Jahres 1030 begann für

welche der erste Salier der Stadt zugewandt hatte, blieb ihr auch unter seinen Nachkommen und nicht minder unter dem hohenstaufischen Kaisergeschlechte erhalten. Zunächst war es das gewaltige Werk des Dombaues, das Architekten und Steinmetzen von allen Seiten hieher zog und Tausenden fleissiger Hände Jahrzehnte hindurch lohnende Beschäftigung gewährte. Denn wie Giesebrecht an einer andern Stelle II, 507 sagt, »nicht für den Augenblick, sondern für die Ewigkeit wollte man bauen und begann nach Plänen, deren Ausführung mehr als ein Menschenalter erforderte. — Welchen Eindruck aber müssen auf die Zeitgenossen Werke gemacht haben, die uns noch jetzt mit Erstaunen erfüllen und wenigstens in ihrem riesenhaften Umfange selten übertroffen sind!« Sicher trug der Anblick des im Wettstreite aller Kräfte täglich erhabener und grossartiger sich gestaltenden Werkes mächtig dazu bei, jeden Bewohner der Stadt mit immer freudigerem Stolze sich als ihren Bürger empfinden zu lassen, so dass Speier, das uns vor Konrad als zu einem Dorfe herabgesunken geschildert wird, bereits unter seinem dritten Nachfolger, Heinrich V., eine Bürgerschaft besass, die von dem Kaiser würdig befunden wurde, der bischöflichen Dienstbarkeit enthoben und mit unschätzbaren Freiheiten und Rechten begabt zu werden. Und diese Blüthe beschränkte sich nicht auf das materielle Gebiet, sondern Speier wurde auch für längere Zeit eine der hauptsächlichsten Pflegestätten der Künste und Wissenschaften in Deutschland, ein Sammelplatz hervorragender Lehrer und wissbegieriger Schüler. Norbert im Leben des Bischofes Benno von Osnabrück (1067—88) sagt hierüber c. 4 Folgendes: Cumque plurima eodem tempore de toto regno illuc undique clericorum turba concurreret, eo quod circumquaque flagrans imperiale studium, studium etiam litterarum inibi ardentissimum florere coepisset, contigit et Bennonem eidem interesse palaestrae. Ibi quoque inter conscholares Agonistas innotuit. Später trat hier Benno selbst als Lehrer auf und erwarb sich durch seinen Unterricht grosse Reichthümer, wie Wattenbach II, 22 sagt, ein bedeutsames Zeichen für den hochgesteigerten Trieb nach Kenntnissen in der damaligen Zeit, nach der man bald nachher sehnsüchtig als nach dem goldenen Zeitalter zurücksah. Weiterhin heisst es von Benno: Vor Allem aber war er erfahren in der Baukunst; viel wurde in Hildesheim unter Bischof Hettilo (1054—79) nach seinen Angaben gebaut; ausserdem war aber auch er es, der Heinrich IV. Burgen in Sachsen bauen liess. Ganz besonders jedoch gewann er grossen Ruhm durch einen sehr schwierigen und kunstreichen Wasserbau, welcher den Dom zu Speier gegen die Fluthen des Rheins sicherte. Auch von einem Schweizer Dichter, Amarcius, lesen wir bei Wattenbach II, 2, dass er, wie es scheint, durch den Ruf von Heinrich III. Hof angezogen, längere Zeit in Speier sich aufgehalten und in bissigen Satiren die habsüchtige Geistlichkeit und die fremden Abenteurer am Hofe verfolgt habe, während er den Kaiser vorzüglich wegen seiner Mildthätigkeit pries. Aus der Lütticher Schule, welche in diesem Zeitraume ihren Höhepunkt erreichte und nicht für Lothringen allein der Leben ausströmende Mittelpunkt war, sondern ihre Wirksamkeit über ganz Deutschland und bis nach England erstreckte (Ders. II, 102), kam Adelmann, der 1048 Bischof von Brescia wurde, nach Speier und dichtete hier seine Rhythmi de viris illustribus sui temporis (Ders. II, 104, Anm. 4). Auch Huozmann, 1073—90 Bischof von Speier und selbst einem der angeseheneren Bürgergeschlechter dieser Stadt entsprossen, scheint hier gelehrt zu haben, bevor er sich, wie Gozechin berichtet, der Kirche zugewendet hatte. Wenn wir daher (Ders. II, 6) lesen, dass Bischof Heribert von Eichstaedt (1021—42) seinen Scholaster Gunderam für Nichts geachtet habe, weil er in der Heimath erzogen war und nicht am Rhein oder in Gallien seine Studien gemacht hatte, wo Gallien nach dem gelehrten Sprachgebrauch der Zeit das Rheinland, vielleicht Lothringen bedeuten kann: so sind wir zu der Behauptung berechtigt, dass zu dem hohen Rufe der Rheinlande in einer Zeit, die man bald nachher als das goldene Zeitalter der Künste und Wissenschaften rühmte, Speier in hervorragender Weise beigetragen habe. Und dass dieser Ruhm, für den noch ausser dem herrlichen Dom das kostbare goldgeschriebene Evangeliar im Escorial, von Heinrich III. gewidmet, zeugt (Ders. II, 22 nach Giesebrecht), von Speier nicht bloss vorübergehend erworben, sondern wenigstens bis zum Ende des XII. Jahrhunderts behauptet wurde, dafür mag eine Bemerkung zum Beweise dienen, die wir in dem abenteuerlichen

Leben der Hildegund (Ders. II, 284) finden, dass dieselbe nämlich nach vielen Erlebnissen sonderbarster Art in Speier begonnen habe, sich angelegentlichst mit gelehrten Studien zu beschäftigen, bis sie sich bereden liess, als Mann verkleidet, in das Cistercienserkloster Schoenau unweit Heidelberg einzutreten, wo sie 1188 noch als Novize starb. Wenn es scheinen sollte, dass wir zuletzt von unserm eigentlichen Gegenstande abgekommen oder vielmehr über denselben hinausgegangen seien, so geschah dies, um die Stellung Walthers im Mittelpunkte eines am Rhein und speciell in Speier erwachten Geisteslebens und sein Verhältniss einerseits zu seinem Lehrer Balderich, der die Studien der S. Galler Schule an den Rhein verpflanzte, andererseits zu den Dichtern und Gelehrten, die hier den Hof Konrads II. und Heinrich III. zierten, zu kennzeichnen. Denn das wird füglich Niemand bestreiten können, dass, wenn unmittelbar nach Walther in Speier dieser geistige Aufschwung eintrat, es eben der von S. Gallen hierhergetragene Same war, der, nachdem er in der Generation Walthers seine erste Frucht getragen, vervielfältigt nun abermals in Blüthe stand und auch nachher noch lange fortwährend neues Leben schuf. Auch ohne ausdrückliche Zeugnisse der Zeitgenossen sind wir zu der Annahme berechtigt, dass Walther, dem Beispiele seines Lehrers und väterlichen Freundes treu, auch auf dem Bischofsstuhle der Beschäftigung mit den Wissenschaften ergeben geblieben sei und auch die Pflege der von Jenem eingerichteten Schule, in der er selbst seine ganze Bildung empfangen hatte, nicht vernachlässigt habe. Uebrigens fehlen auch dergleichen Zeugnissse nicht ganz; denn der Bischof Burchard von Worms (1000—1025), der als der gelehrteste Kanonist seiner Zeit bekannt und berühmt ist, wurde bei der Herausgabe seiner Kanonensammlung hauptsächlich durch Walther unterstützt (Vit. Burch. in Mon. Germ. VI, 837). In dem Epitaphium Walthers aber wird, ebenso wie mit Bezug auf den Dichter des Walthariliedes gefragt wird: Gallo doctorem num dat Deus hinc potiorem? auch von ihm gesagt: Posthac cernatur doctor sibi par dubitatur. Der Freund, der beiden Dichtern die Grabschrift geschrieben, ist kein Anderer, als Ekkehard IV., der Verfasser der Casus S. Galli, der während seines Aufenthaltes als Domscholaster in Mainz unter Erzbischof Aribo († 1031) bei der Nähe Speiers Walther kennen und, wie aus den warmen Worten seines Nachrufes hervorgeht, seine Gelehrsamkeit und Lehrgabe bewundern und seinen milden Sinn lieben gelernt hatte. Das Epitaphium lautet in Haupt's Zeitschrift für d. deutsche Alterth. XIV, 46 folgendermassen:

Huc ades, intento tumulati corde memento:
Vualtherus flamen, die, requiescat, amen.
Antistes Spirae superae stat obvius irae,
Ut faciat legem, edocet ille gregem.
Post lumbos cinctos, post lycnos lumine functos
Sustinet hic hominum ossa fovens dominum.
Posthac cernatur doctor sibi par dubitatur,
Sic super aut mitem pneuma quiescat item.
Ultimus auditus justis nimis ille cupitus
Hunc faciat laetum nullificetque metum.

Der Wunsch, diese Verse möglichst allgemein verständlich zu machen, veranlasst mich, in Folgendem den Versuch einer annähernd getreuen Uebersetzung zu geben:

Tritt, o Pilger, herzu und sprich andächtigen Herzens:
Möge der Diener des Herrn, Walther, in Frieden hier ruhn!
Speiers Heerde beschirmt er als Hirte vor göttlichem Zorne
Durch inbrünst'ges Gebet, lehrt sie mit Fleiss das Gesetz.
Doch nachdem seine Lenden gegürtet, die Leuchten verlöscht sind,
Birgt, das Alle empfängt, ihn, ein bescheidenes Grab.
Wann wird fürder an Weisheit ihm gleich ein Lehrer erscheinen,
Oder der göttliche Geist ruhn auf so mildem Gemüth?
Möge der Richter, der einstens kommt, den Gerechten ersehnet,
Ihn auch erfüllen mit Lust und seine Sorge zerstreun!

Als zweiten Theil unserer Aufgabe betrachten wir die Untersuchung der historischen Gestaltung der Christophsage und des Antheiles, den Walthers Gedicht daran hat; denn sowohl in culturgeschichtlicher Beziehung erscheint dieselbe wichtig, als besonders für ein richtiges Urtheil einerseits über den Grad der Originalität Walthers, andererseits über den Einfluss, den er auf spätere Bearbeiter der Sage ausgeübt hat, unerlässlich. Zunächst ist hervorzuheben das hohe Alter und die weite Verbreitung des Christophcultus, in welcher Beziehung der Bollandist Pinius in seinem commentarius praevius zu den von ihm herausgegebenen Acta des Heiligen (AA. SS. Juli VI, 125—149) bemerkt: Si ulla uspiam alicujus sancti Martyris per totam, qua late patet, Ecclesiam Catholicam celebris claret memoria, talis certe haberi debet hodierna S. Christophori martyris, cultus celebritate, antiquitate et extensione ubique notissimi. Die Apographa Hieronymiana erwähnen seiner in folgender Weise: In Licia, civitate Salmon, natalis sancti XPofari; desgleichen das martyrologium Romanum parvum seu vetus mit den Worten: Civitate Samo Christophori martyris; weiterhin die Martyrologien des Wandalbert (851), Habran (845), Ado, Bischofes von Vienne (859—74), Usuardus (875) und Notker des Stammlers († 912). Dass bereits im sechsten Jahrhundert ein Kloster des hl. Christoph in der Diöcese von Tauromenion bestanden habe, erfahren wir aus einem Briefe des Papstes Gregor des Grossen (540 oder 550—604) an den dortigen Bischof Secundinus; ebenso wird ein Nonnenkloster des hl. Christoph in Galatien erwähnt in dem Leben des hl. Theodorus Siceota, der 613 starb; endlich nennt Sigonius de Regno Italiae zum Jahre 743 eine Basilica unseres Heiligen am fünfzigsten Meilenstein von Ravenna. Was Deutschland betrifft, so finden wir bei Leibnitz de scriptoribus Brunsvic. I, 580 die Erzählung von der Umwandlung des dem Grafen von Olesburch gehörenden Schlosses Stederborch in ein Kloster des hl. Christoph, welche in Folge einer der Tochter des Grafen zu Theil gewordenen Erscheinung des Heiligen im Jahre 1000 geschah und von Kaiser Heinrich II. bestätigt wurde. Auch in einer zu Frankfurt a. M. aufgefundenen und 1555 von G. Wicelius dem Aelteren herausgegebenen Litanei, welche nach dessen Zeugniss zur Zeit Ludwigs des Frommen in kirchlichem Gebrauch war, findet sich bereits der Name des Heiligen. Dagegen lässt sich das Alter eines Hymnus auf den hl. Christoph, welcher in dem 1502 zu Toledo gedruckten Breviarium Mozarabicum sich findet und von F. Hauthal in seinem Buche »Der grosse Christoph« mitgetheilt wird, nicht genauer bestimmen, da auf die Aussage des Pseudo-Julian, der in seinem Chronikon zum Jahre 452 den hl. Castinus, Bischof von Toledo, als Verfasser nennt, nicht der geringste Werth gelegt werden kann.

Die weite Verbreitung sodann, welche die Verehrung des Heiligen gefunden hat, geht, abgesehen von dem bisher Mitgetheilten, auch aus zahlreichen Breviarien und Missalien (darunter namentlich auch rheinischer Bischofstädte, unter denen wiederum besonders zwei Speierer, das eine von 1497, das andere vor 1540 gedruckt, für uns von Interesse sind) hervor, indem durch dieselben für die betreffenden Diöcesen dem Heiligen besondere gottesdienstliche Verehrung bestimmt wurde. Das Gleiche bezeugen die überaus zahlreichen, weit zerstreuten Reliquien des Heiligen, unter denen die wichtigste das Haupt ist, das 1212 aus Constantinopel nach Frankreich kam und in einem vergoldeten Gehäuse verwahrt war, als dessen Schenker eine griechische Inschrift Michael, einen der griechischen Kaiser dieses Namens aus dem elften Jahrhundert, bezeichnete. Es ist diese Capsel um deswillen wichtig, weil auf derselben der Heilige in einer von der späteren Darstellungsweise gänzlich verschiedenen abgebildet wird, nämlich in der Art eines gewaffneten Streiters, in der Rechten die Lanze haltend, mit der Linken auf seinen Schild sich stützend. Wenn in dieser Weise der Orient mit dem Occidente in der Verehrung des hl. Christoph wetteiferte, so hat doch Spanien hierin vor allen Ländern sich ausgezeichnet, worüber ein Spanier, Tamayus apud Hispanos gloriosa memoria ita efficaciter inolevit, ut vix erit oppidum in cujus ecclesia aut ejus proceritas depicta non adservetur, aut tanto Martyri eremitorium haud inveniatur exstructum. Er wurde unter die 14 Nothhelfer gezählt, und seine Hülfe galt als besonders wirksam bei Pestkrankheiten und Teufelaustreibungen, in welch letzterer Beziehung das älteste Beispiel in der erwähnten Vita S. Theodori enthalten ist, wo der einen Knaben quälende Dämon bei der persönlichen Annäherung des Heiligen in der Kirche seines Klosters angstvoll ausruft: Egredior, ferrivore, tantum solve me et statim discedam. Dass überhaupt Christoph besonders im späteren Mittelalter ein vorzugsweise volksthümlicher Heiliger war, zeigt die besonders in Deutschland verbreitete Sitte, seine kolossalen Bildsäulen und gemalten Bilder nicht bloss im Innern der Kirchen, sondern häufiger noch an den Aussenwänden, ja sogar an Stadtthoren und öffentlichen Gebäuden anzubringen, wofür den Grund die folgenden oder ähnliche darunter geschriebene Verse anzeigen:

Christophori sancti speciem quicunque tuetur,
Ista nempe die non morte mala morietur.

Unter dem »bösen Tode« ist wohl die Pest gemeint, und dieser Gedanke, nur in weniger zuversichtlicher Form, vermuthlich auch in den beiden andern bekannten Versen ausgedrückt:

Christophore sancte, virtutes sunt tibi tantae,
Qui te mane videt, nocturno tempore ridet.

Erwähnenswerth für die Kenntniss des Christophcultus sind endlich auch die beiden adeligen Bruderschaften, die sich unseren Heiligen zum Schutzpatron erwählten und darnach »Christophbrüder« sich nannten. Die ältere wurde 1386 von einem armen Hirten in den Penninischen Alpen zunächst zu dem Zwecke gestiftet, Wanderern im Hochgebirge behülflich zu sein, wie auch der hl. Christoph Gott durch das Uebersetzen der Pilger über einen Fluss gedient habe, und in der That wurden durch diese Bruderschaft, der bis 1414 vier Herzöge von Oesterreich, 14 Bischöfe, 2 Aebte, 16 Markgrafen und Grafen und eine grosse Anzahl Ritter, sowie eine nicht geringere adeliger Frauen beitraten, in den ersten 7 Jahren ihres Bestehens 50 Menschen gerettet. Nachdem in Folge erkaltenden Interesses im Laufe des XVI.

1627 neuerdings durch den Eifer seines Verwalters, Jacob Feurstein, Pfarrers in Zambs, ausgebreitet und mit neuen Satzungen versehen, in denen ebenfalls die Unterstützung der Reisenden in den Alpen besonders betont war. Der zweite in Kaernthen durch den zum Hofe Maximilians I. gehörenden Sigismund Dietrichstein 1517 gestiftete Orden war namentlich gegen das unter dem Adel im Schwange gehende Fluchen und unmässige Trinken gerichtet, und seine Mitglieder waren dadurch kenntlich, dass sie ein Bild ihres Schutzpatrones am Halse oder Hute trugen.

Was die urkundliche Ueberlieferung der Sage betrifft, so ist daran zu erinnern, dass die Bollandisten die sämmtlichen Acta unseres Heiligen verwerfen wegen der in allen vorkommenden Verstösse gegen die geschichtliche Wahrheit, wegen ihrer dichterischen Ausschmückung, endlich wegen mangelnden Zusammenhanges der einzelnen Theile, dagegen geben sie das verhältnissmässig hohe Alter derselben zu, da unzweifelhaft das von Hraban verfasste elogium auf den Heiligen daraus geschöpft sei, und das Gleiche wird von dem ausführlicheren elogium des aus Florus (IX. Jahrh.) vermehrten Beda (erste Hälfte des VIII. Jahrh.) ausgesprochen. Walthers Darstellung zufolge war Christoph ein Chananäer von Geburt und hiess vor seiner Taufe Reprobus, was Gelegenheit gibt, ihn mit dem von den Bauleuten verworfenen Steine, der zum Eckstein geworden, zu vergleichen. Eigenthümlich war ihm ein langes und spitzes Gesicht nach Art eines Cynocephalen d. h. eines Menschen mit einem Hundskopfe. Schon seit langer Zeit dem Christenthume zugethan, wagte er doch aus Scheu vor seinen Aeltern und den Gesetzen seines Vaterlandes nicht, sich öffentlich zu demselben zu bekennen, bis er endlich den Entschluss fasste, die Heimath zu verlassen, um Christus zu suchen. Auf dem Wege, als er bereits der Hauptstadt von Syrien, Samon, nahe war, aber noch Niemand gefunden hatte, der ihn in der christlichen Religion unterwiesen hätte, erschien ihm ein Engel, offenbarte ihm die langgesuchte Wahrheit und ertheilte ihm zuletzt die Taufe, indem eine am klaren Himmel sich zusammenziehende Wolke Regen auf ihn herabträufeln liess. Als Christophorus, welchen Namen er in der Taufe erhalten hatte, bewährte er sich auch sofort, indem er auf Befehl des Engels

Christus zu den Heiden trug und sein Wort den Samoniten verkündete, von denen auf das Wunder des mit Dattelblüthen und -Früchten sich bedeckenden Stabes des Heiligen sogleich 18000 sich taufen liessen. Auf diese Nachricht schickte der König Dagnus zuerst 200 Krieger, welche Christoph ergreifen und vor ihn führen sollten, und als diese, durch die Erscheinung des Heiligen erschreckt, sich ihm nicht zu nähern wagten, 200 andere, denen er freiwillig vor den Thron des Königs folgte. Dieser stürzte bei seinem Anblicke zu Boden und erholte sich erst nach langer Zeit wieder von seinem Schrecken, blieb aber dann für die Busspredigt des Heiligen taub und liess denselben zuletzt in das Gefängniss abführen. Hier wollte er ihn durch zwei Buhlerinnen, Aquilina und Nicea, versuchen; doch statt dessen wurden die beiden Mädchen von Christoph bekehrt und besiegelten am andern Tage ihre Glaubenstreue durch einen qualvollen Tod, nachdem sie zuvor den König auf das Aeusserste gereizt hatten, indem sie unter dem Vorwande, den Göttern opfern zu wollen, die Bildsäulen des Jupiter und Apollo vor den Augen des ganzen Volkes von ihren Altären stürzten. Das Loos dieser heldenmüthigen Mädchen erschien dem Dichter so rührend, dass er bei der Schilderung desselben mit Vorliebe verweilte und ihr das ganze vierte Buch seines Gedichtes widmete, während er den Märtyrertod jener 400 Krieger, welche bei der Abführung Christophs in das Gefängniss die Waffen weggeworfen und sich als Christi Streiter bekannt hatten, auf Befehl des Königs aber insgesammt enthauptet worden waren, weit kürzer behandelt hatte. Als Christoph, der den Drohungen wie Versprechungen des Königs gegenüber gleich standhaft bleibt, nun selbst auf grausame Weise gemartert wird, indem man ihn mit eisernen Ruthen streicht und ihm einen glühenden Helm auf das Haupt setzt, sprechen drei der höchsten Würdenträger des Königs ihren Abscheu vor seinem frevelhaften Beginnen aus und büssen ihren Freimuth sofort unter dem Beile des Henkers. Christoph soll hierauf verbrannt werden; aber es wiederholt sich das schon der Nicea widerfahrene Wunder, indem zwar die Flammen den 12 Ellen langen eisernen Rost, auf den er gelegt worden, verzehren, ihn selbst aber unverletzt lassen. Auch von den Pfeilen, welche nachher drei Bogenschützen von Sonnenaufgang bis Sonnenuntergang gegen ihn abschnellen, vermag keiner ihm auch nur die Haut zu ritzen. Als dann am fünften Morgen, seitdem Christoph die Stadt betreten, der König selbst den Bogen gegen ihn ergriff und einen Pfeil aus dem Köcher nehmen wollte, fuhr ihm dieser in das Auge, dass es erblindete. Christoph aber erklärte hierauf, dass es ihm von Gott bestimmt sei, anderen Tages um die achte Stunde den Tod durch das Schwert zu erleiden; von der mit seinem Blute getränkten Erde solle der König auf sein Auge legen und werde dann seine Sehkraft wieder gewinnen. Dies geschah; Dagnus bekehrte sich und gebot allen Unterthanen ein Gleiches; das Grab des Heiligen aber wurde, wie er es vor seinem Ende von Gott erfleht hatte, eine Wunderstätte, an der jedes menschliche Leiden seine Heilung fand.

Vergleichen wir diese Erzählung mit dem Elogium des Hraban, so erhalten wir als gemeinsame Züge den Namen der Stadt Samos (in civitate Samo) und des Königs Dagnus, verschiedene Martern, welche der Heilige zu erdulden hat, Bekehrung vieler Heiden und des Königs selbst nach der wunderbaren Heilung seines durch einen Pfeil verletzten Auges. Ado und Usuardus andererseits berichten, dass Samos oder Samon in Lycien gelegen, dass Christoph mit eisernen Ruthen gestäupt, dann von dem Feuertode errettet, zuletzt aber von Schüssen durchbohrt (ictibus confossus) und enthauptet worden sei. Ohne nun behaupten zu wollen, dass alles Uebrige auf der Erfindung unseres Dichters beruhe, glaube ich doch annehmen zu dürfen, dass sein Antheil an der Ausbildung der Sage ein sehr bedeutender gewesen sei. Es wird dies auch von Stadler Heiligenlexikon I, 609 bestätigt, welcher sagt, dass im X. Jahrhundert nebst der Riesengestalt auch schon andere Ausschmückungen hinzugekommen waren, wie dies bei Subdiacon Walther von Speier ersichtlich (Stock in der Hand, der grünt und viele Heiden bekehrt).

Die Riesengestalt des Heiligen freilich ist meiner Ansicht nach ebenso wenig als sein Hundskopf von Walther in die Sage eingeführt worden; vielmehr scheint er die letztere Vorstellung bereits vorgefunden zu haben, ohne recht zu wissen, was er damit anfangen solle, die erstere durch ein Missverständniss seiner Worte selbst hervorgerufen zu haben. Es ist nämlich festzuhalten, dass

über das Werk Walthers zurückgehende Ueberlieferungen, in denen von der Riesenhaftigkeit unseres Heiligen die Rede wäre, sich nicht finden; denn für das 1500 gedruckte Missale Mozarabicum, in welchem dieselbe nach Stadler zuerst angedeutet sein soll, gilt dasselbe wie für das oben erwähnte breviarium, nämlich dass es neben Bestandtheilen, die auf den heiligen Isidorus von Sevilla zurückgehen, solche aus der ganzen dazwischen liegenden Zeit, ja viele Zusätze von dem Veranstalter dieser Sammlungen selbst, dem Cardinal und Erzbischofe von Toledo, Franciscus Ximenez, enthält (Vgl. AA. SS. Juli VI, 102). Uebrigens ist diese Andeutung selbst, obwohl auch Pinius eine solche erkennt, sie aber als den gewöhnlichen Acta entstammend bezeichnet, für mich keineswegs unzweifelhaft; denn wenn der Heilige vere Christicola magnus genannt wird, so ist dies doch sicher nicht körperlich, sondern geistig zu fassen, und wenn gesagt ist, dass er corporali ostensione terribilis gewesen sei und almifico (= glorioso, sanctitate celebri nach Du Cange) suo aspectu den König so sehr erschreckt habe, dass derselbe vultu ejus territus zu Boden stürzte: so bezieht sich diese Schilderung eben auf die abstossende Gesichtsbildung des Heiligen, die auch durch das folgende dum, juxta quod in omnibus consueta species manet, dissimilis exstat bezeichnet wird. Dagegen wird in dem Hymnus aus dem Breviarium Mozarabicum von demselben gerühmt:
 Elegans namque statura, mente elegantior,
 Visu fulgens, corde vibrans et capillis rutilans,
und so findet er sich in den Ephemerides Moscorum figuratae (AA. SS. Mai I.) als bartloser, beinahe zartgebauter Jüngling, wie es scheint, im Soldatengewande aber ohne Waffen dargestellt, wobei ich an die Abbildung auf dem erwähnten Reliquiengehäuse erinnere. Eine ungewöhnliche, keineswegs aber gigantische Körpergrösse des Heiligen ist bei Walther nur an zwei Stellen angedeutet, nämlich im lib. pros. 11 und 12, wo sein erstes Zusammentreffen mit dem Könige geschildert wird, und in der entsprechenden Stelle des Gedichtes III, 92 ff. In der ersteren heisst es: palatii fores audacter intrabat, immanis quidem corpore, sed animi sublimior quantitate. Ingressus itaque consistorium, cum staturae ejus proceritas ceteris emineret etc.; in der zweiten: Ac velut immota

coram regnante columna Magnus in aspectu et mentis procerior
actu Constitit etc. Aber beidemale wird als die Ursache des gewaltigen Eindruckes, den der Anblick Christophs auf den König hervorbringt, nicht seine Riesengrösse bezeichnet, sondern die durchdringende Macht seiner Augen; denn nachdem im Anschlusse an die erstere Stelle gesagt war: radiis oculorum ita reverendus apparuit, ut eum non quasi hominem, sed potius angelum aestimarent, heisst es weiter: Tantum igitur regi terrorem speculo vultus injecit, ut paene mentis pateretur excessum; im Gedichte ist dies so ausgedrückt: At postquam nitidos in principe fixit ocellos, Ille miser talem cordi fulgere lucernam Non passus — Corruit etc. Das Gleiche ist bei den ähnlichen Scenen der Fall, wo das Erschrecken der Frau, die den Heiligen zuerst im Tempel des Jupiter erblickt und fliehend die Bürger herbeiruft, der Krieger, welche ihn ergreifen sollen, und der beiden Mädchen, durch welche Dagnus ihn versuchen will, erzählt wird. Von der ersteren lesen wir im l. pros. 8: illa, quia tantam oculorum ejus gravitatem quasi incredula sustinere non poterat, — expalluit; von den Kriegern c. 11: cumque in eo virum tremendi vultus aspicerent (im Gedichte III, 66: sacri vultus terrore repulsi), muta legatione redierunt; von den Mädchen c. 14: cum — flammas oculorum in terga reflecteret, astantes juxta puellae timore velut exanimes in faciem ceciderunt. Es ergibt sich hieraus zugleich die Wahrheit der oben in Bezug auf den Hundskopf ausgesprochenen Behauptung, indem der Dichter offenbar die Wirkung der äusseren Erscheinung des Heiligen ebenso wenig in die so auffallende und abschreckende Form seines Antlitzes als in seine Körpergrösse legt; ja an der Stelle, wo er ihm mehr das Aussehen eines Engels als eines Menschen beimisst, scheint er jene Vorstellung überhaupt vergessen zu haben. Immerhin mochte, nachdem dieselbe einmal in die Sage gekommen war, auch diejenige ungewöhnlicher Körpergrösse damit sich verknüpft haben, die mehr und mehr in den Vordergrund trat, während von jener anderen nur der Begriff furchtbaren Aussehens zurückblieb.

Keinenfalls kann die Idee der späteren Legendenschreiber, dass Christoph ein Riese von 12 Ellen Länge, also wenigstens der vierfachen normalen Grösse eines Menschen gewesen sei, aus den

beiden oben angeführten Stellen entnommen werden. Vielmehr
ist dies eine dritte, die ich als die Quelle betrachte, aus der unmittelbar oder mittelbar die Vorstellung aller folgenden Jahrhunderte
von dem „grossen Christoph" geflossen ist; die Stelle c. 23 nämlich, wo Christoph nach verschiedenen andern Martern, und nachdem kurz zuvor Nicea in wunderbarer Weise aus den Flammen
errettet worden, den Feuertod erleiden soll. Zu diesem Zwecke
liess der König einen eisernen Rost von 12 Ellen Länge (scamnum
XII cubitorum longitudinem habens, im Gedichte: bis sex ulnarum) herstellen, wie Walther sich ausdrückt, als ob er einen
Delphin zu rösten beabsichtige, und facta — congerie lignorum
ignis copiosus accenditur; aber wiewohl die Flamme noch durch
reichlich hineingegossenes Oel verstärkt wird, ist der Erfolg doch
derjenige, dass zwar der starke eiserne Rost wie Wachs zerschmilzt, der Heilige aber unversehrt bleibt. Hier sieht nun wohl
Jeder, dass durch den ungeheuren Rost die Grösse des darunter
aufgeschichteten Scheiterhaufens bezeichnet wird, da dem König
die zur Verbrennung der Nicea getroffenen Anstalten offenbar
nicht als genügend erschienen; statt dessen ist diese Massangabe
gleichsam als gelegentliche Erwähnung eines minder wichtigen
oder Nachholung eines vergessenen Umstandes in der Personalbeschreibung des Heiligen auf seine eigene Körpergrösse bezogen
worden, nach der man zu jenem verhängnissvollen Ruhebette
das Mass genommen habe. Den Beweis hiefür liefern die allein
von den Bollandisten aufgenommenen Acta des Heiligen, die zu
den ältesten uns erhaltenen gehören, gleichwohl aber, wie ich
zu beweisen hoffe, nichts weiter als ein Auszug hauptsächlich aus
dem l. prosaicus unseres Walther sind. Hier heisst es nun wirklich kurz vor Schluss: Tunc jussit rex fieri scamnum ferreum
secundum statum ejus. Et venerunt artifices et tulerunt mensuram ejus, quae erat cubitorum duodecim.
Ein ähnliches Missverständniss kehrt in der Stelle wieder, wo
es in Walthers l. pros. 25 heisst: ad ligneam statuam, quam
ipse in idem opus praeparavit, alligari (Christophorum rex praecepit), was im Gedichte VI, 172 ausgedrückt ist mit den Worten:
pueri, defigite — hanc, quam nostra reis statuam mensura
pararet; daraus hat der Verfertiger jenes Auszuges gemacht:

Tunc jussit rex exhiberi lignum magnum secundum statum ejus. Bis zu welchem Uebermasse aber die spätere Legende in der Schilderung der Körpergrösse des Heiligen gediehen sei, zeigt ein mittelhochdeutsches Gedicht, aus welchem wir unter anderen folgende Stellen hervorheben: „Daz chind trug man wider dan Daz ward in aim jar als ein man Der yezund ist pey dreyzzign jarn Mit ammen must man in pewarn Der het er zechen oder mer Dennoch waynt offorus noch mer." Ferner: „Do waz er so groz vnd so lanch Daz chayn haydn mit seinem gedanch Czu rozzen raychn an die gurtel sein Ob der gurtel gab er zweliff chlafter schein." Nachdem dann erzählt worden, dass er so viel Käse und Brod als einem Waldbewohner auf vier Wochen zur Nahrung hatte dienen sollen, auf einmal zum Abendimbiss verzehrt, heisst es weiter: „Vor müd er sein augen slozz Vnd er virzig meyl grozz Des tages het gestrichen."

Die erwähnten Acta des Heiligen, welche von Pinius als Muster aller andern ex MS. membranaceo Fuldensi satis antiquo, auctore anonymo herausgegeben worden sind, beginnen mit den Worten In tempore illo regnante Dagno in civitate Samo homo venit de insula, genere Canineorum etc.; dieselben sind verglichen worden mit MS. S. Martini Treviris und sind in noch zwei anderen Exemplaren vorhanden, nämlich in einem MS. Reginae Sueciae, in welchem der Anfang fehlt, und einem MS. Cardinalis Mazarini mit folgendem Eingange: In tempore illo, quo Dagnus rex regnabat in civitate Samani (Samone?), quae est in provincia Lycia, venit homo ab insulis genere Chananaeus. Mit dem MS. S. Maximini Trevir., ebenso mit MS. coenobii Marchianensis ist andererseits verglichen worden Apographum ex MS. S. Viti in Gladbach vetusto, welches mit den Worten beginnt: In tempore illo, quo Dagnus rex regnabat in civitate Samon, venit illuc homo ex genere Cananaeus. Wir können die Nachrichten über diese Handschriftenfamilie dahin ergänzen, dass von den Handschriften der Münchner Hof- und Staatsbibliothek Clm. 9516 f. 107 — 109 und Clm. 21235 f. 106 — 107 die Acta Bolland., dagegen Clm. 332 f. 100 — 112 den liber prosaicus Walthers enthalten, alle drei aber aus XI. Saec. stammen. Betrachten wir nun die Acta oder vielmehr Passio S. Christophori

Martyris in den AA. SS. Bolland., so ist, abgesehen von dem Eingange, die Uebereinstimmung im Inhalte eine bis in das Einzelnste vollständige; dagegen ist das Latein ein wahrhaft barbarisches, dem gegenüber die Prosa Walthers mit vollem Rechte als ciceronianisch gelten kann. Freilich hat zu der Unlesbarkeit auch die nachlässige Herausgabe in den AA. SS. beigetragen, in der entweder alle Schreibfehler stehen geblieben sind, oder die von Druckversehen der schlimmsten Art wimmelt; so in dem Satze: Tunc jussit rex, ut venirent ad eum quae (st. duae) puellae pulchrae et includi cum s. Chr. in carcere. Vor Allem aber muss man, um ein Urtheil über den Ursprung dieser Passio zu gewinnen, Stellen wie die folgenden mit solchen aus dem l. pros. des Walther vergleichen: Ex nativitate mea Reprobus dictus sum, post baptismum sanctum Christophorus vocor; bei Walther: ex nativitate mea dictus sum Reprobus, post baptismum autem meum Christophorus vocor; ferner: aurum et argentum tecum sit in perditione, beidemale völlig gleichlautend; sodann: et dentes ejus singulariter expelli (jussit rex) mit: et singulariter dentes ejus praecepit expellere; oder: Domine, qui misisti angelum tuum in caminum trium puerorum et liberasti eos de flamma ignis, ita et me liberes de igne isto mit: Domine J. Chr., qui per angelum tuum tres pueros de camino ignis illaesos abire fecisti, libera et me; oder auch: Beatus fueras, Dagne, si natus non fuisses mit: o infestissimum semper natalium, qui talem edidit rabiem. Diese Beispiele könnten genügen; jedoch fügen wir, um keinen Zweifel übrig zu lassen, noch zwei weitere hinzu, indem wir die Worte Walthers: Num, omnium ferocissima bestiarum, sufficit tibi in animabus, quas aberrare fecisti, denen der Fuldaer Handschrift entgenstellen: fera mala, non tibi sufficiunt peccata animarum, quas errare fecisti, und: Ego potius deos tuos detestor, quia fidem meam habeo, quam per baptismum accepi, den folgenden Ego diis tuis abominationem feci, quia fidem meam habeo, qu a in baptismo accepi. Auch einzelne Züge, wie die Erwähnung des Wunders zu Chana in Galilaea in dem Gebete des Heiligen, du ch welches er das Wunder mit dem Stabe erfleht, deuten auf die engste Verwandtschaft. Dazu gehören auch die Scenen, welche Pinius als durch den Verfasser der Passio neu in die Legende eingeführt bezeichnet, nämlich diejenige mit den drei Consularen und die des zweimaligen Herabstürzens des Königs von seinem Throne und längere Zeit bewusstlos Daliegens (das zweite Mal ab hora prima usque ad horam nonam), ebenso wie auch Nicea und Aquilina bei Walther wie bei dem Fuldaer ab hora tertia usque ad horam sextam auf ihrem Angesichte vor dem Heiligen liegen. Wo der Anonymus originell ist wie in der Stelle, in der es bei Walther c. 23 heisst: cumque carnifices — olei liquorem ardentibus prunis infunderent, während Jener genau anzugeben weiss: et jussit quadraginta orcas olei mitti super eum und zuletzt, wo die Worte Walthers: Ponam ergo edictum in omni regno meo, ne quis audeat violare nomen Domini, quod praedicavit Christophorus, ersetzt sind durch die kräftigeren: ego ab hodierno die [ponam] praeceptum meum in omni populo et in omni lingua, [ut], quisquis blasphemaverit Deum Christianorum, gladio percutiatur, da erscheint diese Originalität in einem sehr zweifelhaften Lichte.

Uebrigens hat es mit dem im Vorausgehenden erklärten Missverständnisse in Bezug auf die Riesengestalt des Heiligen, das dann für alle Zeiten verhängnissvoll geblieben ist, nicht sein Bewenden gehabt, sondern wir finden deren noch andere und ebenfalls gläubig festgehaltene bei ihm. Während nämlich in Walthers l. pros. 25 bloss gesagt ist, die göttliche Barmherzigkeit habe, als der Heilige mit Pfeilen erschossen werden sollte, ihre Hand über ihn gehalten, ne vel tenuem sanguinis guttam cutis intacta monstraret, und der König habe endlich, als bereits die Nacht hereinbrach, denselben in das Gefängniss zurückbringen lassen, scheinen dieses Mal die Worte des Gedichtes VI, 186 ff. dem Verfasser der Passio vorgeschwebt zu sein: Jamque tyrannis ovans fidei credebat alumnum Id (=iis) jaculis suprema pati; Sed dextera Christi — Supplicii miserata modos hastilia ventis Ingerit a dextris suspendens atque sinistris, Nullaque martyrii pignus praestrinxit harundo. Daraus hat Jener gemacht: et putabat rex stultus, quod totae sagittae in corpore ejus fixae essent. Sagittae autem suspendebantur a vento a dextris atque sinistris ejus (so in Bezug auf den Plural dextris etc.!) et nulla ex his corpus ejus tetigit. Dies kehrt dann in der goldenen Legende des Jac. a

Voragine (Ende des XIII. Jahrh.) in folgender Weise wieder: Deinde jussit eum ad stipitem ligari et a CCCC militibus sagittari. Sagittae autem omnes in aere suspendebantur nec ipsum aliqua contingere potuit. Rex autem putans ipsum a militibus sagittatum cum eidem insultaret etc., wobei wir zugleich auf die 400 Bogenschützen statt der drei Walthers einerseits und statt der am Schlusse von dem Legendisten mitgetheilten Angabe des Ambrosius: per diem integrum omnium militum sagittis transfigi non potuit andererseits aufmerksam machen. Die Fassung der legenda aurea gibt ziemlich genau das 1448 zu Nürnberg gedruckte „Passional d. i. der Heyligen Leben" wieder, und so lesen wir denn auch daselbst: „Da geschah ein gross wunder. wann got was mit im und halff im das dy pfeyl all in den lufften behingen. da wolt der kunig wenen man het in als ser geschossen das er schier wurd sterben." Um von der ungeschickten Deutung der Worte Walthers: Iamque tyrannis ovans fidei credebat alumnum — jaculis suprema pati nicht zu reden, so heisst suspendere bei Walther im Zusammenhange nichts anderes als, der Bedeutung interrumpere, differre, incertum vel dubium reddere (Vgl. Forcellini) entsprechend, „vorbeilenken und so wirkungslos machen."

Als Missverständnisse möchte ich auch die wiederholt von dem König gegen Christoph gebrauchte Schmähredc: canina et fax mala, wofür bei Walther canina facies, sowie manche andere Absurdität jener Passio ansehen; unzweifelhaft aber gehört dazu die Auslegung, welche daselbst den Worten Walthers im l. pros. 12 gegeben ist: Num tu, canina facies mortiferaque progenies, deorum meorum holocausta contemnis? — Beatus Christophorus ait: Quid me vocabulo mortis incusas, cum tibi jam perpetuae mortis janua pateat; im Gedichte III, 135 nennt Dagnus den Heiligen letiferi genitus plantagine suci, worauf dieser erwiedert: Non dubio sine fine tuis haesura medullis Mortis perpetuae miseranda pericula nostro Adscribis generi versa vice. Was ist nun daraus bei dem Verfertiger jener Passio geworden? Canine et fax mala, non sacrificas diis meis magnis? Respondit sanctus Chr. et dixit ei: Vere bene vocatus es Dagus (wohl ein Druckfehler, wie weiter unten Dagno im Nominativ), quia tu es pars mortis et conjux (sic!) patris tui diaboli etc. Dies hat sich Jac. a Voragine in folgender Weise zurecht gelegt: Cui rex: stultum tibi nomen imposuisti, scilicet Christi crucifixi, qui nec sibi profuit nec tibi prodesse poterit. Nunc ergo, Cananaee malefice, quare non sacrificas Diis nostris? Cui Christophorus: recte vocaris Dagnus, quia tu es mors mundi, socius dyaboli. Pinius aber phantasirt hierüber: Quaenam inter Dagnum et mortem vel umbratilis etiam sit connexio, atque adeo quid sibi velit particula ista causalis, non concipimus. Nam τὸ δαγνόν (pro quo citatur Hesychius), pro πυκνόν frequenter, huc non spectat; non magis quam δάγμα Dorice pro δῆγμα, morsus, a δάκνω. Auch das absonderliche conjux patris tui diaboli, wofür Jac. a Voragine socius dyaboli gesetzt hat, findet, wie mir scheint, seine Erklärung in einem Missverständnisse der Verse III, 145 ff. Et quoniam (=cum) in celebris (in der Hdschr. als ein Wort geschrieben) intras sponsalia regis, Tortorum trudente manu sub Tartara missus — — remeare nequibis in Verbindung mit der vorhergehenden Anrede: daemonis o fili.

Nach alle dem wird ein Zweifel, dass die Passio der Bollandisten nur ein Auszug aus dem Werke unseres Walther sei, kaum mehr begründet erscheinen; dagegen veranlasst mich der hier so sehr von der Lesart der anderen verwandten Handschriften abweichende Eingang zu der Ansicht, dass der Fuldaer Anonymus selbst nicht mehr unseren Walther, sondern einen vielleicht bereits entstellten Auszug benützt habe, der dann von ihm noch mehr verderbt worden. Die Fassung dieses ersten Auszuges wäre etwa zu erkennen in dem Apographum aus der Gladbacher Handschrift, das auch die von Walther nach Usuardus gebrauchte Nominativform Samon hat, und in welchem noch illuc statt de insula oder ab insulis steht, ebenso wie Cananaeus, wie auch in Walthers l. pros. 1 die Handschrift ursprünglich diese Form hatte, und erst nachträglich ein h darüber corrigirt wurde; der Cod. Mazarini sodann hat ab insulis, aber genere Chananaeus, während in der Passio Bolland. neben de insula sich findet genere Canineorum. Die Ausdrücke canineus und caninea kommen auch in einer Vita et Passio S. Christophori „antiquis Italicis rhythmis" composita in einer Wiener Handschrift vor, und schon

Pinius hat ausgesprochen, dass wir es hier mit einer in Folge eines Schreibfehlers entstandenen Verwechslung von canan(a)eus und canineus zu thun haben. So würde gleichsam unter unseren Augen der Vorgang sich wiederholen, aus welchem wir uns die schon bei Walther vorkommende Bezeichnung Christophs als Cynocephalen zu erklären haben, dass nämlich die Christophsage ursprünglich auf lateinischem Sprachgebiete entstanden und zu den Griechen mit der bei diesen noch leichter als bei den lateinisch redenden Mönchen des Abendlandes zu entschuldigenden Verwechslung gekommen sei, die dann Christoph zum Cynocephalen, ja sogar zum Anthropophagen machten und so den Lateinern zurückschickten. Daher nennen in Uebereinstimmung mit dem Synaxarium Basilianum, das diese Erzählungen allerdings als ungeheuerlich und widernatürlich bezeichnet, die Menaea magna den Heiligen κυνοπρόσωπον, und ebenso wird er in einem von der gewöhnlichen Ueberlieferung im Uebrigen, wie es scheint, völlig abweichenden griechischen Exemplare der Acta, das in einer vaticanischen Handschrift sich findet, bezeichnet als ἀνὴρ ἀβλαβὴς, τοῦ γένους τῶν κυνοκεφάλων. In Uebereinstimmung damit hat die zweite von Pinius aufgeführte Gruppe von drei Handschriften mit völlig gleichlautendem Anfang und Schluss, die jedenfalls jünger sind als die oben angeführten Handschriften der ersten Gruppe, da Pinius hierüber sagt: Auctor hujus narrationis prosaica acta amplificavit, stylum mutavit ac rhythmice expressit, im Eingange: Hic de Cynocephalorum oriundus genere, während ihre Verwandtschaft mit den prosaischen Acta durch die unter den wenigen mitgetheilten Stellen sich findende: Sit tecum in perditione tua, rex, pecunia! bestätigt wird. Hier ist also aus der Bezeichnung einer persönlichen Eigenschaft bei Walther bereits die Bezeichnung der Abstammung geworden, ebenso wie im Griechischen das Adjectiv κυνοπρόσωπος sich verwandelt hat in τοῦ γένους τῶν κυνοκεφάλων.

Für den lateinischen Ursprung der Sage spricht auch in evidentester Weise, dass der Name Reprobus, der von dem lateinischen Erklärer von I. Corinth. 9, 27 für das Griechische ἀδόκιμος erst erfunden wurde, in den erwähnten Menaea als Name des heiligen Christophorus vor der Taufe und zwar in der Form Ῥέπρεβος statt Ῥέπροβος beibehalten worden ist, wozu Pinius bemerkt:

Nos quidem asserimus, eam (vocem) vere supposititiam ac commentitiam esse, a Latino aliquo fabulatore prius inventam et adhibitam, atque a Graeco inde mutuatam, et ex qualiquali voce appellativa formatum esse nomen proprium, nulla, quod sciamus, auctoritate stabilitum. Wenn derselbe dagegen an einer anderen Stelle mit Bezug auf den bei den Griechen verschiedenen Gedächtnisstag des Heiligen (9. Mai statt 25. Juli) bemerkt: cum tamen verosimillime Sanctus ab ipsis ad Latinos transivisse videatur, sive nomen ejus, sive Lyciae provinciae, cui attribuitur, consideres: so erscheint dies nicht von erheblichem Belange, da die Etymologie Christophorus nach oenophorus (um), cistophorus, phosphorus und ähnlichen Beispielen auch für einen Lateiner nicht als ferneliegend gelten kann, und in Bezug auf den zweiten Punct die Sage erfahrungsgemäss gerade an entlegene Orte mit Vorliebe anknüpft. Jedenfalls deutet es eher auf einen Lateiner als auf einen Griechen, wenn Samos oder Samon zur Residenz eines Königs von Lycien oder Syrien gemacht wird.

Noch eine zweite Stelle aus jener anderen Gruppe von Handschriften erheischt eine genauere Untersuchung und gibt uns zugleich Veranlassung, auch die griechischen Ueberlieferungen der Sage etwas näher zu prüfen. Es heisst nämlich dort weiter: Gente, vultu et loquela omnibus dissimilis, Vultu pristino retento loquelam mutavit. Damit sind zusammenzuhalten die Worte des griechischen Exemplars der Acta: κατενύγη ὁ αὐτὸς ἀλλόφυλος ὑπὸ τοῦ ἁγίου Πνεύματος ... διὰ τὸ μὴ δύνασθαι αὐτὸν λαλεῖν τῇ ἡμετέρᾳ διαλέκτῳ etc. Wir werden übrigens diese Acta, in deren Eingange gesagt wird, Christoph sei von den Soldaten des Kaisers Decius in der Wüste gefangen worden, um durch seinen Anblick dem Kaiser beim Mahle zur Ergötzung zu dienen, nicht weiter berücksichtigen, da über ihren völligen Unwerth auch die wenigen von Pinius mitgetheilten Proben ein Urtheil zulassen, wie besonders der Schluss: τὸ δὲ ἅγιον μαρτύριον τοῦ ἀθλοφόρου χριστοφόρου ἐκέλευσεν ὁ ἁγιώτατος ἐπίσκοπος Πέτρος εἰς τὸν (?) ἀπόρροιαν τοῦ ποταμοῦ γενέσθαι, εἰς τὸ ἐπικείμενον εἰς τὸν (?) πόλιν (gemeint ist eine sonst gänzlich unbekannte persische Stadt Italia), worin fast jedes Wort ein Räthsel ist. Auch die Worte des Synaxarium Basilianum, deren Originaltext AA. SS. Mai I, 725 wiedergegeben ist, beweisen nur den völligen Mangel an Zusammenhang in der griechischen Form der Sage. Dieselben lauten mit Hinweglassung des über den Hundskopf u. s. w. Gesagten folgendermassen: *Ὅμως δὲ ἦν ἐπὶ τῆς Βασιλείας Δεκίου, καὶ κρατηθεὶς ἐν πολέμῳ παρὰ τοῦ Κόμητος, μὴ δυνάμενος λαλῆσαι Γραικιστί, ηὔξατο τῷ Θεῷ· καὶ ἀπεστάλη αὐτῷ Ἄγγελος, λέγων· Ἀνδρίζου. Καὶ ἁψάμενος τῶν χειλέων αὐτοῦ, ἐποίησεν αὐτὸν λαλῆσαι Γραικιστί. Εἰσελθὼν οὖν ἐν τῇ πόλει, ἐκήρυττε τὸν Χριστόν. Ἀποστέλλονται οὖν στρατιῶται κρατῆσαι αὐτόν· καὶ τῆς ῥάβδου αὐτοῦ βλαστησάσης, ἐπίστευσαν τῷ Χριστῷ, καὶ σὺν αὐτῷ βαπτίζονται ἐν Ἀντιοχείᾳ ὑπὸ τοῦ ἁγίου Βαβύλα, ἔνθα καὶ Χριστοφόρος ὠνομάσθη. Εἶτα προςαχθεὶς τῷ Βασιλεῖ, καὶ πολλὰ βασανισθεὶς πρότερον, ὕστερον ἀπεκεφαλίσθη.* Hier wird weder der Name des Heiligen vor seiner Taufe, noch sein Vaterland, noch die Stadt, in der er zuerst, ohne selbst bereits getauft zu sein, das Christenthum verkündigte, genannt. Dagegen heisst es, dass ihm, nachdem er von dem Grafen (welchem?) im Kriege gefangen worden, ein Engel gesandt wurde, der ihn durch Berührung der Lippen griechisch sprechen machte. Darauf betritt er (als Gefangener?) die Stadt (welche?) und predigt von Christus, weshalb Soldaten abgeschickt werden, um ihn (neuerdings?) zu fangen; diese werden jedoch durch das Wunder des Stabes bekehrt und mit dem Heiligen selbst zu Antiochia (wie kamen sie dahin?) durch den heiligen Babylas getauft, wobei Christophorus diesen Namen empfing. Erst jetzt wird er vor den Kaiser Decius geführt (wo befand sich dieser?) und erleidet nach vielen Martern den Tod durch das Schwert. Wenn das Synaxarium Basilianum die Erzählungen, dass der Heilige früher das Gesicht eines Hundes gehabt und Menschen gefressen habe, nach seiner Bekehrung aber verwandelt worden sei, zurückweist, so bezieht sich dies wohl zumeist auf den Bericht der Menaea magna, die den Heiligen *κυνοπρόσωπον* nennen und erzählen, dass er humano modo loqui non potuisse . . . (sed) postquam angelus labia ejus tetigisset, loqui ipsum fecisse. Ganz dürftig ist die Notiz des von Sirletus übersetzten und von Canisius herausgegebenen Menologium: Hic sub Decio imperatore baptizatus Antiochiae a S. Babyla propter Christi confessionem simul cum

Callinice et Aquilia, quas ad fidem converterat, capite detruncatus est, wo bei der sonstigen Kürze die Erwähnung der Nicea und Aquilina (in fehlerhafter Form!) bemerkenswerth ist. Aus griechischen und nach dem Gesagten also sehr verderbten Quellen scheint auch der bereits erwähnte Hymnus in dem Breviarium Mozarabicum geflossen zu sein, worauf die Form des Namens Gallonica statt Callinice (Nicea oder Niceta) hinweist. Im Uebrigen findet sich darin, wie in sämmtlichen griechischen Ueberlieferungen die Riesengrösse des Heiligen nicht, sondern sogar ein directer Beweis dagegen in dem elegans — statura, und ebensowenig der Hundskopf, dagegen wieder das pragmatisirende Decius Imperator; sonst wird daselbst erwähnt, dass der Kaiser den von seinen Grafen gefangenen Christoph wegen seiner Gestalt unter das Heer habe einreihen wollen, dass dieser linguae nostrae nesciens eloquia auf sein Gebet plötzlich Alles habe sprechen können, weiter die Bekehrung der ihn verfolgenden Soldaten durch das Wunder des Stabes, ihre gemeinsame Taufe mit dem Heiligen und ihr Märtyrertod, sowie der der beiden Mädchen, verschiedene Martern des Heiligen, worunter besonders der vergebliche Versuch, ihn zu verbrennen, und seine schliessliche Enthauptung mit den Worten: Ense idem verberatus vehitur in aethera, nachdem in den beiden vorausgehenden Versen: Socii dehinc dilatant castra Decem millia, Quos pro Christo dissecavit gladius Tyrannicus ein ganz neues und durch seine Ungeheuerlichkeit sich selbst charakterisirendes Moment in die Sage eingeführt worden.

Suchen wir nun nach einer Erklärung der Angabe, welche alle diese Ueberlieferungen mit der obigen zweiten Handschriften-Gruppe gemein haben, so finden wir dieselbe vielleicht in der Fuldaer Handschrift: Et ingressus ipse Sanctus intra Syriam orabat dicens: Gloria tibi Deus, qui convertis ignorantes et adducis in viam veritatis; mutas linguas ferarum et das eis linguam humanam. Et ingressus in ipsam civitatem orabat dicens: Domine, qui fecisti Adam et dedisti ei scientiam, ut agnosceret viam veritatis, da et mihi, servo tuo, ut doceam populum istum, qui erravit. Halten wir damit wieder die Worte Walthers c. 7 zusammen: Domine, qui fecisti Adam et dedisti ci sapientiam et intellectum, da et mihi, servo tuo, lucis tuae in hac civitate vestigium und die Verse II, 165 ff.: Christe pater, cujus primum dignatio finxit Terrigenam (= Adam) — Ut, quibus ipse prior cunctis virtutibus ibat (h. e. ceteris animalibus), Congrua pro libitu praeponens nomina rebus, (mit Bezug auf Genesis 2, 19 und 20: etenim quocunque nomine vocavit illas Adam, animantem quamque, id nomen ejus est.) Te sibi praelatum sciat etc., so liegt, wie ich glaube, das doppelte Missverständniss klar am Tage. Eine zweifache Auffassung macht sich bei Jac. a Voragine bemerkbar; das eine Mal nämlich lässt er den König auf den Vorwurf Christophs: Dii tui sunt opera manuum hominum, diesem entgegnen: inter feras nutritus es et tu non potes nisi opera feralia et hominibus incognita loqui mit Benützung einer Stelle der Fuldaer Passio, wo der König zu sich selbst sagt: Quomodo possum istum, qui inter feras nutritus est, vincere etc. (bei Walther heisst es: bestius ille errorum figulus); das andere Mal folgt der Legendenschreiber der gewöhnlichen Erzählung, indem er sagt: ubi (Samo), dum eorum linguam non intelligeret, oravit dominum, ut illius linguae sibi concederet intellectum. Was aber weiter folgt, scheint seine eigene, freilich nicht sehr geschmackvolle Zuthat zu sein: Dum autem in prece consisteret, judices cum insanum putantes reliquerunt; assecutus Christophorus, quod petebat, vultum operiens, ad locum certaminis venit et christianos et qui torquebantur in domino confortabat. Tunc unus ex judicibus in faciem eum percussit, cui Christophorus vultum discooperiens dixit: nisi christianus essem, meam protinus injuriam vindicassem.

Schliesslich darf allerdings nicht verschwiegen werden, dass das erwähnte Synaxarium d. h. Martyrologium Basilianum aus dem auf Befehl des byzantinischen Kaisers Basilius I. des Macedoniers 867—886 gesammelten Menologium d. h. Kalendarium stammen soll (AA. SS. Jan. I. praef. gen. 54), während über die von Canisius herausgegebenen Menaea, die Menaea Graecorum Majora etc. keine bestimmten Zeitangaben vorliegen. Es bleibt daher dem Urtheile jedes Einzelnen überlassen, entweder das Zusammentreffen der in Obigem mitgetheilten Umstände für Zufall zu erklären, oder anzunehmen, dass jenes Menologium Basilianum wenigstens nicht seinem ganzen Umfange nach das ihm zugeschriebene hohe Alter besitzt. Nur das Eine möchte ich zu bedenken geben, ob es wahrscheinlich ist, dass ein aus einer griechischen Quelle des IX. Jahrh. geflossener Zug der Sage bei Jac. a Voragine im XIII. Jahrh. wieder zum Vorschein komme, ohne dass davon bei Walther eine Spur sich findet, und während das Missverständniss seines Epitomators, aus dessen Darstellung jener spätere Legendenschreiber sogar einzelne besondere Redewendungen herübergenommen hat, die Erklärung dieses Zuges so natürlich machen würde.

Auf die Gefahr hin, der Weitschweifigkeit geziehen zu werden, kann ich einen weiteren Punct nicht unerwähnt lassen. Die Zahl derjenigen nämlich, welche durch Christoph bekehrt wurden, wird im Cod.Fuld. mit den Worten angegeben: crediderunt in eum de hac civitate millia hominum decem et octo et baptizati sunt de manu ejus. Am Schlusse dagegen heisst es: Sunt autem numero, qui crediderunt in nomine Domini Jesu Christi per s. Chr., millia hominum quadraginta et octo et animae centum undecim. Dieselbe Handschrift enthält eine andere Lesart, welche nach Pinius Ansicht aus MS. Trevir. S. Martini, mit dem der cod. Fuld. verglichen worden, beigeschrieben ist: crediderunt per illum Domino: erant autem uno die millia quadraginta octo et alio die animae centum quindecim; die Gladbacher Hdschr. hinwiederum hat: decem millia et octo et animae centum quindecim. Was in aller Welt nun sollen nach den 18000 oder gar 48000 Bekehrten noch die 115 Seelen? Vielleicht gibt uns auch hierüber unser Walther Aufklärung; derselbe sagt nämlich c. 9 und 10, dass auf das Wunder mit dem Stabe die ganze versammelte Volksmenge sich habe taufen lassen. Quae plus quam ad decem et octo milia convenisse perhibetur. Erant enim praeterea in eadem virorum plebe promiscui sexus centum et quindecim animae. Unter promiscui sexus animae kann meiner Meinung nach im Gegensatze zu virorum (welches Wort Pez auslässt) plebs nichts Anderes verstanden werden, als Weiber und Kinder, Knaben sowohl als Mädchen. Wenn es deren im Verhältniss zur Menge der Männer so wenige sind, so ist zu beachten, dass diese zunächst herbeigeeilt waren, um den Tempel ihres höchsten Gottes vor einer noch unbekannten Gefahr zu schützen, und hiebei für Weiber und Kinder kein geeigneter Platz war. Im Uebrigen liebt es die Legende, ihre Angaben mit voller Bestimmtheit und einer auf das Kleinste sich erstreckenden Genauigkeit zu machen, um desto mehr Glauben für sich zu erwecken. Noch haben wir kurz über eine Handschrift Cod. MS. Vat. 6074 zu berichten, über welche Pinius sagt: in exordio vulgaria, quae cuilibet Martyri applicari possint, praefatus auctor (audi novas fabulas!) Beatus, inquit, martyr Christophorus intenta cordis aure viguit et spiritualiter juxta nominis . . . . etymologiam feronomus (Pinius am Rande pheronymus) etc. Ad hoc itaque sancti Spiritus characterisma recipiendum per regenerationis lavacrum feliciter beatum apostolum Simonem, nomine Zeloɔem atque praenomine Chananaeum adiit, cujus doctrina imbutus fideliter tale in ipso purgationis fonte nomen sortitus est. Dazu ruft nun Pinius aus: Novum enimvero commentum et alibi, quantum scimus, inauditum! Hätte er unseren Dichter aufmerksamer, oder hätte er ihn überhaupt vollständig und nicht bloss Anfang und Ende gelesen, so hätte er den Grund auch dieses Missverständnisses erkannt; derselbe liegt nämlich in folgender Stelle des l. pros. 2: Quod autem hunc de terra Chananaea oriundum narrat historia, ratio non improbare videtur; nam et Simonem apostolum a Chana villa Chananaeum, id est, Zeloten dici veritas habet, a quo et istius Chananaei religio non adeo distat. — Unde et hic nihilominus Zelotis jure censendus est nomine, quoniam zelum Dei non segnius mente frequentavit et opere etc.

Unter den Druckwerken, welche die Acta des Heiligen enthalten, geben die des Vincentius Bellovacensis, G. Wicelius, Mombritius, Surius, Ribadeneyra und die Historia Sanctorum Lusitanica im Wesentlichen die Sage, wie wir sie bei Walther kennen gelernt haben, wieder, zum Theil, wie Wicelius, Ribadeneyra und die Hist. Sanctor. Lusit. unter ausdrücklicher Verwerfung der Vulgärlegende und gewöhnlichen bildlichen Darstellungsweise des Heiligen, wobei Wicelius ausspricht: de transitione per mare et alia (aliis?), quae pinguntur, nullam syllabam legi. Dabei fehlt es nicht an Pragmatisirungsversuchen, wie z. B. Mombritius statt 400 von Christoph bekehrter und dann auf Befehl des Königs hingerichteter Krieger nur 40 gestattet und in gleicher Weise von den 18,000 durch die Hand des Heiligen Getauften 10,000 streicht, dafür aber diesen als quidam homo de insula ex genere Abnoch statt als Cynocephalen einführt. Die Vulgärlegende selbst besteht aus zwei Theilen, wovon der zweite mit der Reise des Heiligen in Samon civitatem Luciae (?) beginnt und dann mit der älteren Form der Sage in der Hauptsache übereinstimmt; dagegen trägt der erste Theil ein durchaus phantastisches Gepräge und ist jedenfalls aus einer materiellen Deutung des Namens Christophorus statt der idealen, die er sonst und namentlich bei Walther findet, hervorgegangen. Dieser sagt z. B. im l. pros. 3. Christophorus juxta Graecam etymologiam diligentius intuenti Christum ferens aut Christi portitor sonat. Cujus iste spiritualium adeo gerulus exstitit sagittarum, ut mortis pro eo non formidaret accessum.

Dagegen nun lautet die bekannte volksthümliche Sage folgendermassen: Dem Heiligen kam es, als er sich bei einem Könige der Chananäer in Dienst befand, in den Sinn, sich einen anderen Herrn zu suchen und zwar den mächtigsten, den es gäbe. Er begab sich also zu demjenigen Könige, der dafür galt und blieb bei ihm. Da bemerkte er einmal, dass der König, als er einen Spassmacher in einem Liede wiederholt den Namen des Teufels nennen hörte, sich bekreuzigte, und erfuhr auf seine Frage, dass dies geschehe, damit der Dämon nicht schade. Daraus entnahm Christoph, dass der Teufel noch mächtiger sein müsse als der König, und verliess sofort dessen Dienst, um in den des Teufels zu treten. Als sie aber einmal zusammen an einem Kreuze vorüberkamen, und Christoph die Furcht des Teufels vor demselben gewahrte, sah er ein, dass er noch immer nicht den Mächtigsten gefunden habe, und beschloss, Christus selbst zu suchen. Er kam zu einem Eremiten, der ihm sagte, dass er durch Fasten und Beten sich die Gunst Christi erwerben könne, und da er sich hiezu nicht verstehen wollte, ihm den Rath ertheilte, die Kraft seiner 12 Ellen grossen Gestalt in den Dienst des Herrn zu stellen, indem er Pilger über einen Fluss ohne Brücke trage. Nachdem er dies eine Zeit lang gethan hatte, begehrte einst auch ein Kind von ihm übergesetzt zu werden; aber während sie im Flusse sich befanden, nahm das Kind ein solches Gewicht an, dass es Christoph war, als trage er die Last der ganzen Welt auf seinen Schultern. Darauf gab sich das Kind als Christus zu erkennen und taufte, späteren Bearbeitern zufolge, selbst den Heiligen durch Untertauchen in den Fluss und ertheilte ihm seinen neuen Namen. Zum Beweise dessen aber, was er geschaut und gehört, befahl ihm das Kind, seinen Stab in die Erde zu stossen, den er am andern Morgen mit Dattelblüthen und -Früchten bedeckt fand. Diese Form hat der Christophsage Jacob von Genua, J. Januensis oder a Voragine genannt, in seinem Werke Aurea legenda vulgo Historia Lombardica dicta gegeben; denn wenn Pinius sagt: Jacobus Januensis historiae Sancti magnam partem contexit ex narratione, quam in quibusdam ipsius gestis legi affirmat, so weiss man, was von letzterem Passus zu halten ist. »Der Verfasser, sagt Wattenbach II, 324, trat 1244 in den Predigerorden, wurde Provinzial und Generalvicar, zuletzt aber 1292—98 Erzbischof von Genua. Es versteht sich von selbst, dass sich die Predigermönche sehr bald auch der Legende bemächtigt hatten, sie war ihr besonderes Eigenthum, aber ihrer ganzen Richtung gemäss achteten sie nicht auf den geschichtlichen Inhalt der alten besseren Biographieen; ihnen war es nur um die Wunder, Kasteiungen, Visionen u. dgl. zu thun, und deshalb sind denn auch von nun an die neu entstehenden Heiligengeschichten fast völlig unbrauchbar für die Geschichte." Welche Verwilderung im Tone der Legende mit diesem Ueberhandnehmen der Wundersucht sich verband, zeigt am Besten die Scene mit den beiden Mädchen im Kerker: bei Walther liegt Christoph im Gebete auf seinen Knieen und wendet beim Geräusche der sich öffnenden Thüre nur für einen Augenblick das Antlitz; aber dies genügt, um die Mädchen, vor Schrecken fast entseelt, zu Boden stürzen zu machen, wo sie drei Stunden liegen bleiben, bis der Heilige sie aufstehen heisst: bei Jac. a Voragine wendet dieser erst, als er die Mädchen eintreten sieht, sich eilig zum Gebete. Sed cum a puellis plausu manuum et amplexibus urgeretur, surrexit et ait illis: quid quaeritis? etc.

Die von Jacob von Genua erfundene Fabel wurde von Petrus de Natalibus, S. Antoninus und in der Legenda Hispaliensis wiedererzählt und gewann die weiteste Verbreitung, indem die bildende Kunst mit Vorliebe dieses Gegenstandes sich bemächtigte, und bald überall innerhalb und ausserhalb der Kirchen das Bild des Heiligen zu sehen war, wie er in riesenhafter Grösse, das Christkind auf seinen Schultern tragend und auf seinen grossen Stab gestützt, alle Kräfte aufwendet, um der Last nicht zu erliegen. Als Normalchristoph wird von Hauthal in dieser Beziehung der von Joh. Hemling oder Memling, XV. Jahrh., in der Münchner Pinakothek bezeichnet, der zugleich der verbreiteste und bekannteste geworden ist. Das älteste Oelgemälde ist vermuthlich das von dem Florentiner Taddeo Gaddi im Jahre 1334 gemalte im Museum zu Berlin; besonders aber haben zwei der hervorragendsten deutschen Künstler, Albrecht Dürer und Lucas Kranach, und zwar der Erstere durch zwei Kupferstiche und zwei überaus schöne Holzschnitte, der Andere durch einen Holzschnitt von ungewöhnlichem Ausdrucke unseren Heiligen in der angegebenen Weise verherrlicht. Die poetischen Bearbeitungen der Christophsage durch die Neueren: Kind, Falk, Arndt, Görres, der Gräfin Hahn-Hahn, Hauthal, welche sämmtlich die ältere Sage ganz ausser Acht lassen und ausschliesslich der Erfindung Jacobs von Genua folgen, stehen ausser dem Bereiche unserer Aufgabe; ebenso diejenige des Frischlin († 1590), der seinem Gedichte den Titel gab: „Vom Leben, Reissen, Wanderschaften des grossen St. Christoffels etc." und aus dem Heiligen eine Art Eulenspiegel machte. Auch in Bezug auf das allerdings sehr interessante mittelhochdeutsche Gedicht aus einer Papierhandschrift der Stiftsbibliothek S. Florian zu Linz, das in 1616 trochäischen und jambischen Versen im Wesentlichen den Inhalt der Vulgärlegende, wenn auch in originellster Form wiedergibt, müssen wir uns begnügen, nach Mone (Anzeiger f. d. Kunde d. teutschen Vorzeit. 8. Jahrg. S. 590—91) und Hauthal, der grössere Bruchstücke daraus mittheilt, aufmerksam zu machen, nachdem wir desselben bereits bei Besprechung der Riesengestalt des Heiligen erwähnt haben. Nebenbei erinnern wir auch nach Grimm an das Sprüchwort: er hat einen Christoffel, der ihn trägt, d. h. er verlässt sich auf Andere; dann auch zumal in der abgekürzten Form „Stoffel, Töffel" = einfältiger, thörichter Mensch.

Schliesslich fassen wir das Resultat unserer bisherigen Untersuchungen dahin zusammen, dass die Verehrung des hl. Christoph schon frühzeitig im Oriente wie im Occidente Verbreitung gefunden hat, die Legende seines Lebens und Leidens aber in ihren Grundzügen, wie es scheint, zuerst von den Lateinern ausgebildet wurde, worauf die Griechen, cananeus mit canineus verwechselnd, dem Heiligen einen Hundskopf andichteten. Die dürftigen Umrisse der Sage in den lateinischen Martyrologien des IX. Jahrh. führte Walther mit dichterisch ausschmückender Phantasie zu einem abgerundeten Gemälde aus, wobei er jedoch uns und wahrscheinlich auch ihm weniger zusagende Züge der Ueberlieferung gewissenhaft festhielt. Sein Werk war die Quelle, aus der mit immer grösser werdenden, aus der Unkenntniss der handwerkmässigen Legendenschreiber entstandenen Verderbnissen vermuthlich alle folgenden Darstellungen der Legende bis auf Jacob von Genua geflossen sind. Namentlich gilt dies für die von den Bollandisten aufgenommene Passio S. Christophori aus dem XI. Jahrh., wiewohl zu vermuthen steht, dass ihr Verfasser nicht mehr direct aus Walther geschöpft habe. Auf einer missverstandenen Walther'schen Stelle schien uns vorzüglich die Idee von der Riesengrösse des Heiligen zu beruhen, die mehr und mehr die Gesammtauffassung von dem Wesen desselben bestimmte. Aus dieser Vorstellung in Verbindung mit einer buchstäblichen Auslegung des Namens Christophorus hat dann die Fabulirlust eines Predigermönches des XIII. Jahrh. die landläufige Legende gemacht, durch welche Christoph zu einem der populärsten Heiligen des späteren Mittelalters geworden ist. Was die griechischen Ueberlieferungen betrifft, so vermochten wir sie, obwohl ihnen die Anschauung von der Riesengestalt des Heiligen fremd ist, und sie untereinander sehr wesentlich abweichen, doch nicht als originell zu erkennen, da sie, abgesehen von dem über den Ursprung der Legende Gesagten, in einem auffallenden Zuge insgesammt einer späteren Verderbniss durch gleichfalls bereits getrübte lateinische Quellen ausgesetzt schienen und sich ausserdem durch eine merkwürdige Zusammenhangslosigkeit charakterisiren.

Erst so haben wir auch den richtigen Standpunkt für die Beurtheilung der verschiedenen Auffassungen, welche der Charakter des hl. Christoph gefunden hat, und denen durch Erklärung der Riesengestalt, des Hundskopfes und dgl. wohl grossentheils der Boden entzogen worden ist, gewonnen. Sehr geläufig ist die Vergleichung des Heiligen mit Herkules, wie sie ein unbekannter Italiener in einer 96 Seiten langen Abhandlung: della figura gigantesca del martire S. Cristoforo (Vened. 1763) durchzuführen sich bemüht hat; auch Hauthal nennt ihn S. 26 den christlichen Herakles. Dagegen führt er S. 44 in gehobenem Tone aus, dass in die Person Christophs die Deutschen die ihrige übertragen hätten, um in ihm sich selbst, ihren Charakter und ihr Wesen, ihr Gefühl und ihr Schicksal wiederzusehen und wiederzuerkennen, und dass nur der Sohn Deutschlands es sein konnte, der auf gegebener Grundlage sich das Bild Christophs zu dem Ideale eines wahren Christen, eines treuen Dieners Gottes und seines Kaisers ausbildete und auszubilden im Stande war. Dagegen contrastirt freilich in eigenthümlicher Weise, wenn Wolfg. Menzel in seiner christlichen Symbolik S. 174 sagt: Christoph sei der ägyptische Anubis, der das Sonnenkind Horus durch den Nil trägt, und komme so auf griechischen Bildern noch mit dem Hundskopfe des Anubis vor. Nach Andern (vgl. Pierers Universallexikon) ist Christoph das Symbol des Ueberganges vom Heidenthum zum Christenthum; gewöhnlich aber wird er betrachtet als das Bild des wahren Christen und besonders eines Verkündigers des Evangeliums, und unter den allegorischen Deutungen der einzelnen Züge der Sage (der Fluss oder das Meer = der Welt mit ihren Gefahren, der grosse Stab = dem Worte Gottes etc.) sind am bekanntesten der Hymnus des Bischofes Vida von Alba und die Erklärung Luthers in den Tischreden II c. 29.

Es erübrigt noch der dritte und letzte Theil unserer Aufgabe, nämlich ein allgemeines Urtheil abzugeben über Sprache, Originalität der Form und ästhetischen Werth unseres Gedichtes, und hiebei können wir uns am kürzesten fassen, da wir hoffen dürfen, alle Einzelbemerkungen bei einer künftigen Herausgabe des Textes verwerthen zu können. Was zunächst die Reinheit der Sprache betrifft, so glauben wir behaupten zu dürfen, dass dieselbe grösser ist als beispielsweise bei Ekkehard I. sowohl als Ekkehard IV., wiewohl natürlich nicht verkannt werden soll, dass den Ersteren schon der der deutschen Heldensage entnommene Stoff seines Gedichtes, welcher dasselbe zu einer der kostbarsten Perlen unserer Nationalliteratur macht, weit über unseren Legendendichter stellt. Aber Solöcismen, wie wir sie bei Ekkehard I. in Menge zu den unübertrefflichsten poetischen Schönheiten in den Kauf nehmen müssen, werden bei Walther selten sich finden. Ekkehard IV. sodann ist in seinen Poesieen übermässig geziert und gekünstelt, in seiner allerdings mit packender Lebendigkeit geschriebenen Prosa aber gebraucht er Germanismen in solcher Zahl, dass seine Rede zuweilen derb erscheint. Diesen beiden Hauptrepräsentanten der S. Galler Schule gegenüber zeigt Walther ein natürliches feines Gefühl für das in der lateinischen Sprache Zulässige, und grobe Verstösse gegen Formenlehre und Syntax oder barbarische Wortformen, wie man sie bei einem mittelalterlichen Schriftsteller als selbstverständlich anzusehen gewohnt ist, werden weit weniger als andere Gründe dem Leser zeitweilig Schwierigkeiten verursachen. Dabei fehlt es jedoch Walther keineswegs an Erfindungsgabe in neuen Wortbildungen, worunter besonders Composita von Verben, und diese Wortformen tragen in der Regel ein durchaus lateinisches Gepräge. Beachtenswerth und ein Beweis für die Fülle auch griechischer Sprach- und Bildungselemente, welche im früheren Mittelalter noch wirksam waren, ist auch die grosse Zahl dem Griechischen entlehnter Ausdrücke, wovon wir nur den griechischen Gruss χαῖρε, in der Handschrift kere geschrieben, und den Schluss des V. Gesanges erwähnen: Ergo patri summo και νω cum pneumate doxa! Allerdings mussten diese griechischen Sprachreminiscenzen, die nach unserem Geschmacke keineswegs für eine Zierde des lateinischen Ausdruckes gelten können, in Verbindung mit dem kirchlichen Latein einerseits und mit der im Ganzen unterschiedslosen Lectüre und Nachahmung der Classiker andererseits dem Werke einen einigermassen musivischen Charakter verleihen, zumal auch die nicht ganz in lateinische Formen zu zwängende Anschauungsweise des Germanen dann und wann sich Bahn bricht. Aber dies ist kein ausschliesslicher Fehler unseres Dichters, ja bei ihm nicht einmal in gleichem Masse wie bei den Meisten seiner Zeitgenossen vorhanden, sondern eine Folge der mit sich selbst im Zwiespalt begriffenen Bildung jener Zeit, in der heidnisches Alterthum und Christenthum noch unvermittelt einander gegenüberstanden, ohne bereits durch eine selbstständige nationale Cultur und Literatur versöhnt zu sein. Daher auch auf der einen Seite die naive Freude unseres Dichters an seiner Verskunst und an der in der Schule der Alten erlangten Gelehrsamkeit, auf der anderen sofort wieder Reue über diesen Stolz und vielleicht nicht ganz ehrlich gemeinte Geringschätzung jener heidnischen Studien. Was den Versbau Walthers betrifft, so entspricht auch dieser im Allgemeinen den Anforderungen lateinischer Prosodie und Metrik, und es dürften vielleicht bei ihm verhältnissmässig nicht mehr poetische Licenzen in Behandlung des Sylbenmasses und des Rhythmus als bei manchem der späteren classischen Dichter sich finden, wiewohl er durch häufige Anwendung des Reimes innerhalb desselben Hexameters (leoninische Verse) oft durch längere Stellen hindurch, namentlich solche mit gesteigertem Pathos, zu einer freieren Behandlung hätte veranlasst werden können.

Die Frage nach der Originalität Walthers in Bezug auf seinen Stoff haben wir schon früher besprochen; einige Bemerkungen erheischt noch der Antheil, welchen Bischof Balderich an der

Arbeit seines Schülers nahm, und welchem derselbe wiederholt alles Verdienst, das etwa darin gefunden werden könnte, zuschreibt. Welcher Werth derartigen Versicherungen zukomme, zeigt das Beispiel des Abtes Eugippius, eines Schülers des heil. Severinus, welches Wattenb. I, 42 mittheilt: Diesen forderte ein ungenannter Laie auf, ihm Materialien zu einer Lebensbeschreibung Severins zu geben; er zeichnete darauf seine Erinnerungen auf und sandte dieselben 511 an den gelehrten Diaconus Paschasius mit der Bitte, sie zu einer förmlichen Lebensbeschreibung zu verarbeiten. Paschasius aber lehnte jede Aenderung an Eugipps Aufzeichnungen, die auch durchaus nicht unfertig, nicht nachlässig und formlos sind, ab, und in der That ist es sehr zweifelhaft, ob jene Bitte ernsthaft gemeint war, da uns ähnliche Aufforderungen, die nichts als Phrase sind, so häufig begegnen. — Uebrigens ist der wirkliche Antheil Balderichs an Walthers Werk wohl am deutlichsten bezeichnet in dem Briefe an Hazecha, in welchem es heisst: injuncti operis officium toto nisu perfectum praefati monitoris manibus in sex quodammodo libellos dispersum reportavi atque ab eo emendatum et, ut rerum series poscebat, diligenter expositum tuae praesentiae servandum in theca reposui. Dies würde also bedeuten, dass der äussere Umfang des Werkes und die Eintheilung des Stoffes in Hauptabschnitte von Balderich zugleich mit Stellung der Aufgabe vorgenommen worden war, in dem Elaborate Walthers sodann einzelne Fehler von ihm beseitigt oder minder gute Ausdrücke durch bessere ersetzt, und schliesslich durch Umstellung einzelner Theile u. dgl. ein besserer Zusammenhang hergestellt wurde. Ob aber alle diese Aenderungen so einschneidend und für die Gestalt des ganzen Werkes, wie es uns vorliegt, so bedeutsam gewesen seien, als Walther selbst es darstellt, dürfen wir nach seinen aus Bescheidenheit übertreibenden Aussagen über seine Benützung ja Plünderung der alten Autoren für sein Gedicht wohl mit Recht bezweifeln. Denn, und hiemit berühren wir die für uns wichtigere Frage nach der Originalität der Form bei unserem Dichter, wenn wir seinen eigenen Worten glauben müssten, so wäre derselbe ausschliesslich in fremden Fussstapfen gewandelt und hätte die Gedanken und Worte, aus denen sein Gedicht besteht, förmlich zusammengeraubt. Und dies würde auch keineswegs den Gewohnheiten seiner Zeit widersprechen, ja es würde, von dem Standpunkte derselben aus betrachtet, kaum für fehlerhaft, geschweige denn für unehrenhaft gelten können. Haben ja nicht bloss die mittelalterlichen Dichter ihre altrömischen Genossen geplündert, sondern sogar die christlichen Chronikenschreiber ganze Capitel, Schilderungen von Schlachten, Städtebelagerungen u. dgl. wortgetreu aus Sallust oder einem anderen heidnischen Geschichtschreiber entliehen. So hat für das Walthari-Lied Peiper in seiner Ausgabe einen ganzen Katalog vergilanischer Stellen, worunter vollständige Verse, zusammengestellt, die der Verfasser ohne oder nur mit geringer Veränderung in sein Gedicht aufnahm, und diese Sammlung hat Wilhelm Meyer in seinen „Kritischen Bemerkungen zum Waltharius", noch bedeutend vermehrt, indem er zugleich neben Vergil den Prudentius als hauptsächliche Quelle für Ekkehard I. nachwies. Für unsern Walther dagegen ist es mir nur an wenigen Stellen gelungen, abgesehen von dem Gebrauche einzelner Ausdrücke, deren Kenntniss er allerdings dem Vergil verdanken mochte, die aber einen integrirenden Bestandtheil des lateinischen Sprachschatzes überhaupt bilden, eine directe Benützung vergilianischer Gedanken und die unveränderte Aufnahme ganzer Stellen nachzuweisen, während dies verhältnissmässig häufiger bei Persius der Fall ist, der überhaupt auf Walther eine besondere Anziehungskraft geübt zu haben scheint. Ob freilich dem Letzteren dies förderlich gewesen, ist sehr zu bezweifeln, da die Neigung, welche Walther mit allen seinen Zeitgenossen theilte, in allerlei dunkeln Anspielungen, schwülstigen Allegorieen u. dgl. mit der mühsam erworbenen Gelehrsamkeit zu prunken, durch die Nachahmung dieses Dichters, der es liebt, mit dem Leser Versteckens zu spielen, immer mehr gesteigert werden musste. Wenn übrigens Wattenbach sagt, dass Walthers Werk ganz in dem gespreizten, mit Gelehrsamkeit überladenen Stil seiner Zeit verfasst sei, so wird erstens jeder unbefangene Beurtheiler einem achtzehnjährigen Jünglinge in seinem Erstlingswerke das nicht zum besonderen Vorwurfe machen, was ein allgemeiner Fehler seiner Zeit war, und zweitens ist das Urtheil Wattenbachs vollständig nur auf den liber scolasticus

anwendbar, den er trotzdem selbst als werthvoll für die Kenntniss
der damaligen Schulstudien bezeichnet. Wer sich aber durch
dieses Paradestück jugendlicher Gelehrsamkeit hindurchgearbeitet
hat, für den wird die übrige Darstellung allzugrosse Schwierigkeiten nicht mehr bieten, und wenn es auch späterhin noch an
einer und der anderen Stelle dem Dichter beliebt, seinen Lesern
ein Räthsel aufzugeben, so wird durch den Reiz, dasselbe zu
lösen, der Genuss eher erhöht, zumal das Verständniss des Ganzen
auch bei einem Hinweggleiten über die einzelne Schwierigkeit in
der Regel keine Einbusse erleidet.

Im Uebrigen darf, wenn neben den für alle Zeiten als Muster
edlen Geschmackes geltenden Classikern der Griechen und Römer
mehr und mehr auch die Schriftsteller niedereren und niedersten
Ranges in den Kreis historischer, antiquarischer und sprachge-
schichtlicher Studien gezogen und nicht bloss von einem absoluten
Standpunkte, sondern auch von dem ihrer Zeit gewürdigt werden,
wohl auch einer der frühesten Dichter unserer eigenen Nation
auf dieselbe pietätvolle Behandlung Anspruch erheben, wenn er
auch nicht in der Sprache seines Volkes gedichtet hat, sondern
in derjenigen, welche zu jenen Zeiten die Trägerin und Vermitt-
lerin jeder höheren Bildung war und eine Gleichartigkeit der
europäischen Cultur bewirkte, wie sie unser Zeitalter trotz Eisen-
bahnen und Telegraphen noch nicht wieder erreicht hat, und
wenn auch der Stoff, der Walther zu seinem Gedichte vorgeschrie-
ben war, nicht eines Jeden Geschmacke entspricht. Anderes mag
anderen Zeiten als wahr erscheinen: achtungswerth bleibt stets
der Glaube an das als wahr Erkannte, und der Eifer unseres
Dichters für die Ehre seines Helden wird dadurch nicht lächerlich,
dass vor nüchterner Kritik gar manche Einzelheit in der Schilderung
seines Lebens und Leidens nicht bestehen kann, ja die Existenz
des Heiligen selbst schon in Frage gestellt worden ist. Vor Allem
zeigt Walther wirklich dichterische Befähigung in dem hohen
Schwunge seiner Begeisterung, mit der er die Grundwahrheiten
des Christenthumes vorträgt, sei es, dass er sie dem Engel, der
Christoph vor seiner Taufe unterrichtet, oder diesem selbst im
Gespräche mit Dagnus und den beiden Mädchen, oder den Letzteren vor dem Könige in den Mund legt, und in der Schilderung

der Glaubensfreudigkeit, mit der Christoph und seine Mitstreiter die ausgesuchtesten Martern und selbst den Tod nicht bloss erdulden, sondern sich dessen wie des schönsten Sieges freuen, so dass ein ästhetisches Missbehagen an der Darstellung dieser an sich abstossenden Scenen nicht aufkommen kann. So verstand es der Dichter, den anscheinend schwächlichen Knochenbau seines Legendenstoffes mit Fleisch und Blut zu umkleiden und ihm lebendigen Geist einzuflössen und sorgte durch Reinheit der Sprache und Wohllaut der Verse auch für ein entsprechendes Gewand, in dem sein Werk nicht bloss die Bewunderung der Zeitgenossen fand und Pez zu seinem so ehrenvollen Urtheil veranlasste, sondern auch in unserer anspruchsvolleren Zeit noch erwarten darf, Leser zu finden, wie sie der Dichter sich wünschte und erhoffte, indem er sagte: Was zu Ehren meines Heiligen in fleissiger Arbeit und unter so hoher Gönnerschaft ich geschrieben,

> In gremium transfundo t m, mitissime lector,
> Id rogitans, ne te modici llaria scribae
> Offendant, cujus humilis otio solum
> Inspicienda manet. Quod sub litore primo
> Angustum miratus iter cau estria captas,
> Haec eadem, quae scriptori satis arta probabis,
> Auditu dura sed gustu suavia sentis;
> Et quia mel tacto potius dulcescit amaro,
> Ante favos nostri centauria pasce laboris.